Annette Kolb

DIE SCHAUKEL

Roman

Mit einem Nachwort von
Joseph Breitbach

S. Fischer Verlag

2. Auflage: 11.–12. Tausend

Copyright 1934 by S. Fischer Verlag Berlin

Copyright renewed 1962 by Annette Kolb

Für das Nachwort:

© 1977 S. Fischer Verlag GmbH,

Frankfurt am Main

Umschlagentwurf: Hannes Jähn

Satz und Druck: Georg Wagner, Nördlingen

Einband: G. Lachenmaier, Reutlingen

Printed in Germany 1983

ISBN 3 10 040008 9

Inhalt

Als die Nachricht vom Brande des Münchener Glaspalastes die Welt nach allen Richtungen durcheilte, funkte in den Köpfen von ein paar Menschen ein und derselbe sonderbare Wunsch: das etwas gespenstig aussehende Haus, das die Nummer Sieben trug und von dem Rauch und Flammen schlagenden Riesenkasten am unmittelbarsten gefährdet war, weil es sozusagen daran lehnte, möge von Grund auf mitverbrennen. Diese paar Leute waren weit voneinander getrennt lebende Geschwister. Doch eins erkundigte sich alsbald beim andern, so daß alle Briefe sich kreuzten. Auf einer Karte aus New York – der Absender schien im Laufe der Jahre sein Deutsch vergessen zu haben – standen nur die in Sorge hingeworfenen Worte: ›I hope number Seven is burnt, it would be a decent end.‹ Obwohl es aber mitten in der Feuerzone gelegen war, viel weiter abliegende Dachstühle sich zu entzünden drohten und die Fensterscheiben im ganzen Umkreis von der Hitze zersprangen, wunderbare Meisterwerke zu Schutt und Asche versanken, dies für den Abbruch längst reife Gebäude blieb unversehrt. Warum es denjenigen ein so unerträgliches Memento geworden war, die ihre Jugend darin verlebt hatten, gehört nur bedingt hierher. Wenn wir uns mit ihm befassen, geschieht es im Gegenteil der Heiterkeit, des unbändigen Gelächters wegen, welches dort Jahre hindurch immer wieder triumphierte.

Familie Lautenschlag

Lichte Flächen tun sich manchmal in einem finstern Himmel auf. Sie behaupten sich natürlich nicht lange, und das Gewölk ringsumher wird sie verschlingen, aber während sie dahinziehen in ihrer Bläue, wissen sie von nichts anderem als ihrem Bestand. Ihnen vergleichbar war der Übermut, die Willkür und selbstherrliche Art der Kinder Lautenschlag. Den gänzlich von ihnen überrannten Eltern stand nur ein einziger Dämpfer, eine einzige Bremse ihnen gegenüber zu Gebote: der Mangel an Geld. Denn Lautenschlags, ohne arme Leute zu sein, waren arm. Unter einer Tanagrastatue lagen zwar Lose, die aber Jahr für Jahr am Tage der Ziehung als Nieten hervorgeholt wurden. Auf das Kapital in irgendeiner Form, Gewinste in bar, Aktien, Obligationen, Dividenden, vermochten Lautenschlags nicht die geringste Zugkraft auszuüben. Es ist falsch, das Geld als eine seelenlose Sache anzusehen. Vielmehr muß von einem Genius des Geldes die Rede sein, der genau weiß, wem er hold und wem er abhold ist. Und auf diese Familie und ihre Unbedachtheit, auf diese Kinder und ihren Größenwahn hielt er ein mißbilligendes, ein eiskaltes Auge gerichtet. Bis zum Zehnten lebte man ja recht flott. Am Sechsundzwanzigsten ließ sich Herr Lauten-

schlag, nach den ersten siegreich zurückgeschlagenen Vorpostenkämpfen, das Haushaltgeld entreißen, das bis gegen Mitte des nächsten Monats zu reichen pflegte. Wurden die Verschleppungen am laufenden Bande der Mutter zu viel, geriet sie darüber außer Fassung, so erfolgten Repressalien von seiten der Töchter in Form eines Anschlags auf die immer prall gefüllte Börse des Herrn Lautenschlag. Nichts war leichter. Meistens bemerkte er ihn gar nicht. Markierte er aber Entrüstung, so verfiel er doch nicht auf den Gedanken, das Geraubte zurückzuverlangen, oder, da dieses zu nichts geführt hätte, sich ein anderes Mal vorzusehen. Diese Zerstreutheit, dieser Mangel an Ernst einer so grimmen Sache wie dem Gelde gegenüber, verlieh ihm in den Augen der Kinder einen ungeheuren Charme. Die Mutter aber war es, die jetzt von ihnen zum Trost in die Oper geladen wurde. Eine Droschke wurde geholt, freudige Erregung machte sich geltend, und Herr Lautenschlag nahm regen Anteil daran. Gespannt wartete er auf die Heimkehrenden, um zu hören, wie der Abend verlaufen war: wen sie gesehen hatten, wer alles im Theater war. Wer sonst? und wer noch?, wobei er den einen Hansdampf, den anderen Kaschperl, den dritten Gischpel nannte. »Und wer noch?« Aber niemals die Frage, woher denn die Mittel für die improvisierte Festlichkeit stammten. Wozu? Wußte er es etwa nicht?
Doch auch Herr Lautenschlag verfügte über allerlei Schachzüge den Seinen gegenüber. Gradlinige Offenheit war in keiner Weise das Merkmal dieses Hauses, sondern ein Versteckenspiel in Permanenz. Aber alles

von einer Harmlosigkeit, zu groß, um glaubhaft scheinen zu können.

Da Familien so sehr aus der Mode kommen, wollen wir uns gleich nach einer zweiten umsehen: keine angestammte, bayrische zwar, nur eine zugezogene, eine protestantische aus Preußen. Sie wohnt gleich um die Ecke in der Straße selben Namens, die einen Bogen um den Glaspalast beschrieb. Die beiden Familien haben Bäume eines und desselben Gartens vor Augen.

Familie von Zwinger

Universitätsprofessor Dr. Fritz Emanuel Edler von Zwinger und Mrs. von Zwinger, wie sie englischerseits genannt wurde, hatten nur die zweite und dritte Etage sowie die Stallungen im Hofe eines Hauses inne, das ihnen ganz gehörte. Das Vermögen war kein von Zwingersches, erst neuerdings zählten die Zwingers zum Adel. Professor Fritz Emanuel hatte nur auf Grund eines hohen Ordens den Vorrang vor den prädikatlosen Trägern seines Namens. Mrs. von Zwinger, die Enkelin eines illustren deutschen Gelehrten, aber von einer steinreichen englischen Großmutter erzogen, hatte den englischen Lebensstil, das Englisch als Umgangssprache und den Five o'clock tea ihrer stockdeutschen Sippe zugeführt.

Beide Familien waren befreundet bis auf die Väter, die einander mieden, wo sie konnten. Herr Lautenschlag, in seinem Fache gewiß der talentvollere, war nicht etwa ein verbummelter, sondern überhaupt nie ein

Student gewesen, weshalb Herr von Zwinger ihn nicht für voll nehmen konnte. Blitzschnell in seinen Bewegungen, brachte er es jedenfalls viel rascher fertig, dem Professor zu entschlüpfen als dieser ihm. Professor von Zwinger war von einem gleichsam aufgetürmten Riesenbau und einem weit ausladenden Riesengesicht, das nichts verbergen konnte: denn es war zu groß! Deutlich ließ sich ihm auch gelegentlich die Geringschätzung für einen so schlecht ausbalancierten Hausstand wie den der Lautenschlags ablesen; aber sie wurde durch den ebenso gelegentlich hervorbrechenden Größenwahn der Lautenschlagschen Kinder wettgemacht. Zuungunsten der Lautenschlags fiel ins Gewicht, daß Professor von Zwinger gefürchteter Hausarzt bei ihnen war. Nicht bei Herrn Lautenschlag selbst, der gottlob nie erkrankte und lieber zugrunde gegangen wäre, als ihn zu rufen. Wohl liefen ihm seinerzeit auch die kleinen Lautenschlags davon, so schnell ihre Füße sie tragen konnten; weit kamen sie jedoch nicht, wenn sie gerade Scharlach oder Diphtherie hatten. Das Heikle und Peinliche aber an der Sachlage war, daß Professor von Zwinger den Lautenschlags nie eine Rechnung zustellte. Jetzt ist es heraus.

Schaukel in Schwung

War der Haushalt bei Zwingers à l'anglaise aufgezogen, so gebärdete man sich bei Lautenschlags je nach Laune, teils penetrant bayrisch, teils sehr weitgehend lateinisch. Niemand beanstandete dies. Das in Bayern noch wenig beachtete Alldeutschtum lag in der Wiege. Frau Lautenschlags Mutter, die kein Wort Deutsch verstand, zog eines Tages ins Haus, und Professor von Zwinger war nun auch um sie bemüht, viel zu stolz, um die Rente der alten Dame schmälern zu mögen. Leider sollte sie bald darauf durch einen progressiven Wahnsinn eine düstere Enklave in das heitere Bild der Familie reißen. Der Professor aber war es, welcher angesichts der gänzlich entschluß-losen Eltern mit seltsamer Autorität die Dinge in die Hände nahm. Und zwar geschah es aus Rücksicht auf die Kinder, er erachtete die Eindrücke, welchen sie ausgesetzt waren, für bedrohlich und warf sich als ihr Vormund und Beschützer auf. Unmusisch und unangenehm, so viel man wollte: in Ernstfällen zeigte er sich als ein von hohem Pflichtgefühl getragener Mann.

Und so fuhr denn eines nebligen Morgens Madame Lautenschlag, die fast allgemein so genannt wurde und ihren eigenen Namen nie richtig aussprechen lernte, mit ihrer armen Mutter nach Nancy, um sie in die Irrenanstalt, welche der Professor für sie ausgesucht hatte, zu begleiten.

Die Kinder drängten ans Fenster, und beklommen winkten sie der für immer Scheidenden nach, aber rasch getröstet, denn sie war ihnen durch die unheimliche Krankheit entfremdet, und jetzt hatte man auch wieder ein Zimmer mehr. Dies alles lag nun schon eine ganze Weile zurück.

Herr Lautenschlag hatte mit der Unüberlegtheit geheiratet, mit welcher man für eine Tagestour einen

Vergnügungsdampfer besteigt. Bei der Soirée de contrat nahm der befreundete Notar die Mutter, später auch den Bräutigam zur Seite, um beiden Parteien von der schon gerüsteten Hochzeit abzuraten. Denn was brachte die Braut schon in den Hausstand mit? Die Sonaten von Haydn, Beethoven und Mozart und noch einige andere Musikwerke in roten Prachtbänden mit ihrem Namen, als dem einer Trägerin des ersten Preises am Pariser Konservatorium, in goldenen Lettern eingetragen, eine Aussteuer und ein hübsches Mobiliar im Stil des zweiten Empire. Was besaß der Herr Bräutigam? Ein für das Studium der französischen Gärten halb ausgegebenes Erbteil und einen mager besoldeten Posten an einem Pariser Institut. Dabei mußte er sein Wort geben, immer in Frankreich zu bleiben. Aber wozu hätte er sich in diesem Augenblick nicht bereit erklärt? Es wurde geheiratet. Kurz darauf erfolgte von München ein festes Angebot, Aussicht auf Gehaltserhöhung, Holz, Licht und Wohnung frei. Herr Lautenschlag verpflichtete sich nur auf zwei Jahre, die Pariser Stellung blieb ihm solange erhalten. Sie ging ihm durch den Deutsch-Französischen Krieg verloren; es kamen die Kinder, eins ums andere, die drei ersten starben hin. Die junge Frau fuhr nun allein, so oft es anging, ihrer Heimat entgegen und riß sich von Mal zu Mal schwerer von ihr los. Die Kinder aber zogen ihr bang vor Freude entgegen. Die Einfahrt der rauchumhüllten Lokomotive, die rasch im Dämmerlicht sich näherte, das Ritardando, mit dem sie endlich hielt, das Sichtbarwerden der Heimgekehrten, den Gang mit ihr nach Hause vergaßen sie nie. Eines Tages brachte sie ihre gänzlich vereinsamte Mutter mit, die bis zu jener traurigen Abfahrt, die wir erwähnten, verblieb. Aber wir betonen wieder: unser Interesse gilt vor allem den Kindern: Hespera ist einundzwanzig, Otto geht auf neunzehn, Gervaise auf siebzehn, Mathias ins fünfzehnte Jahr. Gervaise steht im Begriff, das schönste Mädchen der Stadt zu werden, auch Otto ist trotz seines aufgeworfenen Mundes von bestechendem Äußeren. Warum Mathias, ein Mädchen, bald »sie«, bald »er« genannt, so heißt, weiß schon niemand mehr. Mit ihrem meist sehr roten Gesicht sticht sie gar unvorteilhaft von ihren Schwestern ab. Zu einer gut ausgebauten Stirne hat sie nur schütteres Haar. Sie kommt zuletzt in der Gunst der Nah- und Fernstehenden. Ein unübersehbar weiter Weg führt von ihr zu Hespera. Hespera ist die Krone. Bald würde Gervaise sie an Schönheit überstrahlen, doch was war das? Wer könnte auch nur von fern die Grazie Hesperas erreichen, mit ihrer berückenden und geistreichen Figur sich messen? Die Geschwister fühlen es wohl: eine Kluft trennt sie von so viel Harmonie. Sie grollen jedem, der ihnen Hespera entzieht. Sie ist oft eingeladen. Seht, wie Otto, Gervaise und Mathias sich um sie scharen, auf daß sie absagt. Aber sie kleidet sich in aller Ruhe an: nichts von Schwäche und Unentschlossenheit in Hespera. Sie geht. Die anderen bleiben. Sie sind unzufrieden. Die Zeit erscheint ihnen mit einem Male so lang. Gleich werden sie anfangen zu streiten.

Angesichts eines Entgegenkommens, wie dem des Professors, lag es nur zu nahe, daß Mrs. von Zwinger von Madame Lautenschlag eines Tages das Angebot erhielt, ihren ältesten Töchtern, zwei geistig interessierten und musikliebenden, wenn auch musikalisch recht wenig begabten Mädchen, Klavierstunden zu erteilen. Immer großzügig, erachtete Mrs. von Zwinger diesen Unterricht nicht als Zeichen der Erkenntlichkeit, sondern als Geschenk.

Aber keinesfalls wollten sie einer nahen, sehr wenig bemittelten Verwandten des Hauses, der Frau Konsistorialratswitwe Erlendicht, in demselben Lichte erscheinen. Sie fand die Gegenleistung so ungenügend, daß sie eines Tages auch ihr Clärchen und ihr Irmachen der armen Frau Lautenschlag, die ganz betreten zusagte, als Elevinnen antrug.

Frau Erlendicht, lang, hart und hager wie ein Brett, war so hochgebildet, so intelligent, daß man ihr die böse, feilschende, kleinlich karge Natur nie recht zutraute. Doch ihre Wohnung kündete sie ganz. Die Kinder Lautenschlags, schwer entrüstet, ihre Mutter, die so schön spielte, auf solche Weise eingefangen zu sehen, erschienen nicht selten während der Stunde und holten sie unter irgendeinem Vorwand wieder heim. Auf diese Weise gewannen sie einen Einblick in diesen Haushalt. Herrschte bei Zwingers ein, wenn auch sehr von sich eingenommener, dennoch liberaler Protestantismus vor, so war er hier, wenn man so sagen darf, akut. Die Räume, nüchtern, unverbindlich, ausgekältet, glichen Betsälen, das Büfett sah aus wie ein Pult, die Vorhänge waren die eines Diakonissinnenhauses, und welch ein Weihnachtsbaum (wir sind im Dezember), was für Zimtsterne, was für Kreuzerstückchen! Keine Stube richtig warm, von einer pedantischen Ordnung, unwirtlicher als Unsauberkeit, weil der mit Recht schmutzig genannte Geiz wie eine Schicht Staub darüberliegt. Weihnachten auf Eis. Irmachen und Clärchen, am Harmonium, die Hälse gereckt, ›Heilige Nacht‹, ›Ein' feste Burg ist unser Gott‹ krächzend zum Vortrag bringend. Ha, welch ein Gesang! Am gründlichsten sieht Gervaise sich um. Wenn sie das nächste Mal Frau Erlendichts sonderbare Gangart nachahmen wird, dann werden auch diese Räume hier erstehen. Frau Erlendicht liebt die Diminutive, sie versetzte die bittersten und beißendsten Dinge in einem Tone, der von Milde troff. Aber welche Schärfe ist dann in ihrem rosafarbenen Gesicht. Und war sie spontan jemandem zu Hilfe eilend vorstellbar? Die Kinder glaubten es nicht. ›Süße Helfdirnicht‹ war der Spitzname, den sie ihr gegeben hatten.

Auch Herr Lautenschlag war über die Stundengeberei im Hause Erlendicht im stillen aufgebracht. Der Professor stellte ihm zu Neujahr keine Rechnung zu. Schön und gut. Sollte ihm das vielleicht imponieren, ihm, der nie und niemandem eine zusandte, sondern die Bewertung seiner Ratschläge, seiner Gartenpläne, seiner Parkanlagen, seiner Reisen, auf bayrischen, österreichischen und siebenbürgischen Schlössern denen anheimstellte, die ihn beriefen. Gewiß machte er manche schlechten Erfahrungen, er fuhr aber auch manchmal recht gut dabei. Wir wollen nichts verschweigen: Herr Lautenschlag freute sich alljährlich auf Weihnachten, wie das Kind, das er war.

Ja, es ist wieder einmal Weihnachten, das bei Lautenschlags in so eigentümlicher Weise begangen wird. Es dreht sich nämlich fast ausschließlich um die Eltern, um den Vater als den Jüngsten, dann um die Mutter und den Freundeskreis. Die Kinder aber sind auf der Lauer, wenn es läutet. Es geschieht sehr oft in diesen Tagen. Sie stürzen auf den Gang, sobald der Bote gegangen ist. Mit Teppichen, Bildern, Stehlampen, silbernen Kannen oder Schalen, kostbaren Krawattennadeln, Bechern, Antiquitäten, Vasen werden die Verpflichtungen an Herrn Lautenschlag liquidiert. Es kommen auch, wenn es sich um Fabrikanten handelt, Ladungen von Spargel, Kisten mit Wein. Es kommen natürlich auch Postanweisungen. Der Geldbriefträger jedoch ist angewiesen, im Bureau vorzusprechen, von etwaigen Schecks erfahren die Angehörigen nichts.

Die Kinder aber bestimmen, was von den Geschenken weiterzugeben ist, und hier macht Herr Lautenschlag nie einen Einwand: es ist ihm alles recht. Ihm liegt nicht an dem Haben, sondern nur an der Sensation des Kriegens, des Überraschtwerdens. Der Gedanke, etwas von diesen Dingen zu seinem persönlichen Gebrauch zu verwerten, kommt ihm gar nicht. Erregt und beglückt, betrachtet er sie doch nur flüchtig. Für alles, was nicht unter freiem Himmel steht, hat er kein Auge. Er reagiert auf das Schönste, wo es um den

Platz für eine Baumgruppe, ein Blumenbeet, die Kurve eines Weges, Ausblicke und Einfügungen in eine Landschaft geht. Aber damit ist sein Sehen erschöpft. In geschlossenen Räumen ist es amorph, häßliche Möbel beleidigen ihn nicht. Sein eigenes Zimmer bleibt das einzig ungefähre des Hauses.

Die erste Frage ist also: was soll von den Sachen an Zwingers gehen? Einmal ist es ein kurioser Tisch mit den Fellen eines Tieres bespannt, die Füße mimen die Füße eines Tieres. Er paßt in ein Jagdschloß. Schnell hinüber damit. ›Einwickeln und Herschenken‹ ist an Weihnachten das Motto der Töchter. Geschenke weit über ihre Verhältnisse zu geben, gehört mit zu ihrem Größenwahn. Es ist spät geworden, sie sind zum Umsinken müde und noch immer mit ihren Paketen beschäftigt. Der Baum wird endlich angezündet. Frau Lautenschlag sieht ihn mit Besorgnis brennen, sie fürchtet immer eine Feuersbrunst. »Éteignez-ça« ist ihr wiederholter vergeblicher Ruf. Im Laufe des Abends kommen Besuche: es sind Franzosen. Auf eine derart sträflich undeutsche Weise wird hier Weihnachten gefeiert. Um Mitternacht gehen die Kinder, so erschöpft sie sind – auch Otto hat sich sehr betätigt, besonders durch seine Spassetteln Hespera zu ergötzen gewußt –, in die Mitternachtsmesse. Denn dafür brauchen sie morgen nicht in die Kirche zu gehen. Das treibt sie mächtig an.

Etwas verstimmt ist heuer nur Mathias. Sie durfte sich von ihrer Patin, einer Respektsdame, wie jedes Jahr, etwas wünschen. Diesmal waren es fünfzig Bogen Briefpapier, blau, mit dem oben rechts einzutragenden Motto: ›d'Leut ärgern.‹ Die Patin hat ihr hundert Bogen beschert, aber es stand nichts darauf. Zu blöd, sagte Mathias. Wie nett wäre es doch gewesen, den richtigen Leuten solche, im übrigen recht artig gefaßte Briefe herumzuschicken. An Neujahr und so. Der Tante Lina zum Beispiel.

Candida hieß die jüngste der Zwingerschen Töchter. Es sei eine geniale Eingebung ihrer ungenialen Eltern, meinte einer, der sie bei Lautenschlags antraf, ihr diesen Namen zu geben. Den Eindruck bestimmte vor allem ein reizender Mund, an dessen Bildung die glücklich gesetzten Zähne ihren Teil hatten. Es war ein Kindermund, halbgeöffnet, immer lachbereit: ein Nelkenmund.

Nicht unbeschadet verkehrte sie so viel bei Lautenschlags. Der Einfluß ist nicht zu verkennen. Frivol kann sie nie werden, aber schon ist sie die Unzwingerischste der Zwingerischen Töchter.

Für Mathias ist, seitdem sie das Interieur bei Erlendichts kennengelernt hat, der Protestantismus gerichtet. Nie hält sie Maß, und sie setzt der armen Candida zu, die sich viel mehr zu Gervaise hingezogen fühlt, aber denselben Schulweg zur Turnstunde und zur Tanzstunde wie Mathias hat; Mathias hängt sich heute wieder in sie ein. Sie spricht sehr bayrisch. Sie sagt der Butter, der Schokolad, und wäre es nur aus Opposition. Die Preußen, die sagten Blumenkohl statt Karfiol und Tüte statt Stanitzel, und Apfelsinen statt Orangen sagten die, Sonnabend und Abendbrot, und Berliner Pfannkuchen statt Faschingskrapfen, und Schillerlocken statt Schaumrollen, und Mohrenköpfe statt Indianerkrapfen, sie kannten das Wort Krapfen nicht einmal; solche Leute waren das.

»Du, Candida, weißt du, wie die Frau Erlendicht bei uns heißt: Frau Helfdirnicht. Wir nennen sie alle so. Aber du darfst es ihr nicht sagen.« Candida lacht auf, aber gleich darauf umwölkt sich ihre naive Stirn: »Sie ist meine Tante«, sagt sie gewissenhaft.

»Ah, wenn's nach Tanten ginge«, wirft Mathias hin, »wir haben eine, die ist so ordinär, daß man am besten gar nicht von ihr redet.«

Candida ist unangenehm berührt. Sie kannte diese Lautenschlagsche Tante. Man konnte sie nicht mit der ihrigen vergleichen. Mochten Lautenschlags eine ordinäre Tante haben, für Zwingers schickte sich das nicht. Frau Erlendicht war nicht ordinär. – Die beiden Mädchen nähern sich jetzt dem steinernen Portal, das den Eingang des großen Gartens bildet und nach dem Lenbachplatz sieht. Eine blauweiße Fahne schlägt im Föhn unter dem blauweißen Himmel. Mathias blickt zu ihm auf. Als ein wahrer Barockhimmel würde er jetzt über den Vorbergen hängen und weiter nach Süden ziehen. Eine übermächtige Sehnsucht verschleiert plötzlich ihr Auge, aber dann hängt sie sich noch fester in Candida ein und eröffnet von neuem das Feuer. »Du, Candida, weißt du, was mir die Madame Ste Almée gestern gesagt hat? ›Vous sentez le fagot, ma petite‹, hat sie zu mir gesagt, und ihr Mann hat gesagt, es stecke in allen Deutschen, gleichviel welcher Konfession sie angehörten, ein Stück von einem Protestanten. So daß sie also den Protestantismus gar nicht gebraucht haben.«

»Aber wieso, im Gegenteil«, rief Candida.

»Wir wären auch ohne euch nicht stehengeblieben, während ihr euch festgefahren habt. Und auch nicht eine einzige schöne Kirche ist von euch. Eine jede habt ihr noch verpatzt, die ihr uns weggenommen habt.«

Candida suchte ihren Arm zurückzuziehen, aber Mathias hängte sich noch fester in sie ein. »Ich möchte nicht der Luther gewesen sein«, sagte sie. »Das mit seinen Thesen kann man ja gelten lassen, aber in Augsburg hätte er nachgeben sollen.«

Candida wagte nicht zu entscheiden.

»Und Heinrich VIII. erst, der rechts und links seine Leute hat köpfen lassen; sich dann so jemanden als Religionsstifter gefallen zu lassen: es ist doch allerhand.«

»Luther hat sich nie einen Religionsstifter genannt. Er ist ein Reformator gewesen«, sagte Candida mit Würde.

»Aber Reformatoren sollten Heilige sein, oder sie bleiben besser daheim.«

Candida war dem Weinen nahe, doch Mathias bemerkte es nicht.

»Kennst du die zwei Holbein-Miniaturen von ihm und seiner Entsprungenen?« fuhr sie fort.

Candida schüttelte den Kopf.

»Die personifizierte Seelenqual, kann ich dir sagen, und das personifizierte mal occhio.«

Candida hatte sich endlich von Mathias frei gemacht. Aber Mathias umschlang ihre Taille. Weich, fast zärtlich, fragte sie: »Sag, Candida, hast du den Luther wirklich gern?«

»Ich fürchte, ich habe ihn nicht so gern, als ich sollte«, gesteht da Candida bekümmert.

Candida ist zwar nicht wehrhaft, dafür leicht von Skrupeln heimgesucht. War es nun, daß sie die Katze aus dem Sack ließ oder ihre Angehörigen sonstwie dahinterkamen, wie sehr Mathias sie bedrängte, es kam jedenfalls bald darauf zu einem sonderbaren Auftritt.

Wie immer hatte der Föhn einen Wetterumschlag gebracht. Harter Frost, Eisblumen an allen Fenstern bis tief in den Februar hinein. Endlich taute es im ganzen Lande, Lawinengefahr und Überschwemmungen lösten die Kälte ab. Der Schnee rann in schwarzen Bächen dahin, wo er nicht, zu grauen Massen geschichtet, in Form von Gebirgsketten die Straßen entlangzog. Man konnte nicht darüber steigen, so hoch lag er. Und von all dieser Düsterkeit des Erdbodens stach ein zwar sonnenloses, aber schon grelles Tageslicht in unendlicher, unsagbarer Öde ab. Mathias kam allein des Weges von ihrer Schule und machte ein unglückliches Gesicht, nicht wissend, daß sie litt. O die schwarzen Bäume, das Knacken in den traurigen und triefenden Ästen, dieser triefende und finstere Glaspalast! Es ging erst auf vier Uhr, noch lange würde es heute tagen. Mathias hatte Überschuhe und Wintermantel in der Dachauer Straße bei einer Tandlerin verkitscht und fror. Sollte sie hinauf zu Candida, in ihren Büchern schmökern, den Tee oben nehmen? Sie stand jetzt vor dem Zwingerschen Haus. Allein da trieb ihr im Radmantel, als wandelnde Glocke mit dem Gang, den Gervaise so wunderbar

nachzuahmen wußte, Frau Erlendicht wie auf Roll-
schuhen entgegen, und es gab kein Entrinnen.

»Was für ein abscheuliches Wetter!« rief Mathias
schnell gefaßt ihr zu, »welcher Schmutz überall!« und
kam sich sehr gewandt vor, indem sie an ihr vorbei-
huschen wollte. Allein Frau Erlendicht hatte schon
ihre Hand gefaßt, und nun nahm sie gar ihr Kinn
zwischen zwei Finger, die sich in ihren Wollhand-
schuhen so rauh anließen, und hielt es wie mit einer
Klammer fest: »Ein abscheuliches Wetter, und welch
ein Schmutz überall«, wiederholte sie. »Betrachte ihn
dir wohl, du Kleine«, und sie deutete auf den Kot, der
sich überall aufschichtete. Sie sprach im milden Singsang, und auch das Gesicht war von freundlichem
Rosa wie immer. »Siehst du, so hat es in eurer Reli-
gion ausgesehen, bis Luther kam und aufräumte und
Ordnung und Sauberkeit schuf. Adieu, Kleine.« Damit gab sie dem gefesselten Kinn noch einen Extra-
ruck, ließ es dann frei, bog schnell, wie auf Rollschu-
hen, in den Torbogen ein und entschwand.

Verdutzt sah ihr Mathias nach, wo war nun ihre ganze
Schlagfertigkeit hin? Und dann rannte sie im Sturm
zur Berichterstattung heim.

In solchen Fällen war es stets die Mutter, an die man
appellierte. Sie hatte am meisten Zivilcourage von
allen Lautenschlags. Nie ließ sie das geringste durchgehen. Es war Prinzip bei ihr. Mit viel Talent stellte
sie dann ihre wohlüberlegten Briefchen her, auf welche sie so große Sorgfalt verwandte, ja sie meistens
mehrmals abschrieb, damit alle Feststellungen aufs
beste saßen. So auch diesmal. Und hier gingen ihre

23

Pfeile nicht fehl, denn Frau Erlendicht verstand zu lesen.

Es vergingen einige Tage, dann erst erfolgte eine im eisigen Ton gehaltene Antwort, zugleich mit der Nachricht von der Doppelverlobung in ihrem Hause. Irmachen sollte von einem Lizentiaten und Clärchen von einem Pastor heimgeführt werden. Jubelgeschrei bei Lautenschlags, Solotanz von Gervaise. Die als Demütigung empfundenen Klavierstunden auf dem Pianino Erlendicht hatten ihr Ende gefunden.

Warum hat Mathias ihre Galoschen, ihre gefütterten Überschuhe und ihren Wintermantel versetzt? Seht, da läuft sie in einer unzureichenden Jacke vorbei, mit blauer Nase und dem Weinen nahe, weil so große Kälte herrscht. Sie hält sich ganz schief. Sie wird noch ganz schief.

Eleonora Duse hat in München ihr erstes Gastspiel absolviert. Der Andrang setzte nicht sogleich ein, auch waren die Plätze sehr teuer. Aber die Lautenschlagschen Mädchen saßen vollzählig und von Anfang an im Parkett.

Freilich mußte die Tandlerin aus der Dachauer Straße heimlich auf den Speicher berufen werden. Sie kannte den Weg. Man schlich leise hinauf und versammelte sich. Sie erschien in Pelzbarett und Stola, auf einer Hintertreppe vom Hausmädchen der Hofdame einer Prinzessin erstanden. »Den Mantel«, eröffnete sie sogleich, »hab i von der Ludwig, der Hut is von der Della Baz.« So war eine vorteilhafte Basis geschaffen, um alle Dinge schlecht zu machen, die jetzt auf einem großen Tisch vor ihr ausgebreitet wurden. Ihre Verachtung für alles, was sie da liegen sah, war von vornherein grenzenlos, und der Handel begann. Hespera und Gervaise waren schon im Besitz von Abendkleidern, Fächern und Schärpen, Mathias dagegen mußte sogar ihren Schlips und die Schlittschuhe opfern. Ihr blieb nichts erspart.

Allein es taute, wie gesagt. Der Winter war ihrem Dafürhalten nach vorbei. Daß er nochmal hereinbrechen würde, hielt man ihr zwar vor, aber es war nicht gesagt. Es konnte sein, daß er heuer nicht wieder kam. Am 21. März schrieb man Frühlingsanfang, und der März stand vor der Tür. Es brauchte nicht alle Jahre gleich zu sein. Es konnte auch einmal anders kommen. Sie hat ein Vorgefühl, daß es heuer so sein würde. Sie ist nicht allein in ihrer Tendenz, zu glauben, was sie wünscht. Lassen wir sie.

So kam es, daß zwar bemittelte, wohlsituierte, ja reiche Münchner Familien nicht gleich zu Anfang den Vorstellungen beiwohnten, sondern, die hohen Preise scheuend, die Kritik abwarteten, die Lautenschlagschen Töchter dagegen durch ihr Erscheinen manches Ärgernis bereiteten. Gewiß, es lohnte sich. Nichts kommt einem ersten Eindruck gleich. Und sie sahen die Duse im letzten Augenblick ihres ersten Glanzes; jene Duse, die noch von unsagbarer Zartheit der Linien war, die ein ganz klein wenig (mit welcher Grazie!) ein Bein nachschleifte, jene Duse noch, die noch ein letztes Mal vom Zauber der ersten Jugend umwittert schien. Ja, es lohnte sich. Es war jene Duse, welche Alexandre Dumas und Sardou, welche Kitschstücke so weit über ihren Gehalt hinaushob, nicht jene, so bald darauf einsetzende Duse, die mit fraglicher Auffassung nordische Heroinen verkörperte und deren Kleopatra ein einziges Mißverständnis war. Wer jene andere Duse noch sah, vielleicht die eigentliche, die berückende Amoureuse nämlich, die irdische Duse, den vermochte die andere, intellektualisierende, die abgeklärte, gar eine *heilige* Duse nicht so recht zu überzeugen.

Es war die Zeit, da der junge Baron Rummel – Leutnant im Bayrischen Leibregiment, das Käppi nie ganz vorschriftsmäßig, immer eine Idee schief aufgesetzt – als Sorgenkind des Militärschneiders einherging, denn sein Verbrauch war enorm. Gab es doch keinen Ball, keinen Basar, keine Abendgesellschaft, die nicht zum Schluß darin gipfelte, daß er, auf einem Stuhl hingegossen, mit der weißen Federboa einer schönen Dame hantierend, die Duse nachmachte, als Kameliendame, ihren Ruf: ›Armando!‹ täuschend wiedergab und, obwohl er kein Wort Italienisch konnte, mit einem volubilen Italienisch um sich warf. So wurde die Grundlage zu seiner Laufbahn gelegt, er sollte bald die soldatische Laufbahn mit einer schöneren, einer musischen vertauschen, und aus Gustl Rummel sollte Gustav Waldau erstehen.

Mathias wartet nun täglich auf den Frühling, und es herrschen acht Grad Kälte, ob sie auch schaut. Ihr Unfug wäre in einer anderen Familie nicht möglich gewesen. Aber Dinge wie Befehlen oder Verbieten waren ja bei Lautenschlags nicht an der Tagesordnung, und so trug jeder die Konsequenzen seines

Handelns selbst. Autorität besaß nur Hespera. Aber sie hatte eine Schwäche für den ungebärdigen und heftigen Mathias. Das Leben würde ihn schon in die Schule nehmen. Gervaise war nie aggressiv, und so war sie denn mit ins Theater gezogen, irgendwie gehörte sie schon immer dazu. Die Eltern standen außerhalb. Die Kinder hielten immer dicht. Herr Lautenschlag war viel unterwegs. Frau Lautenschlag merkte erst recht nichts. Sie hatte angefangen zu komponieren. So entging ihr das Schauspiel der im Frühjahrsmäntelchen frierenden und sich abhärtenden Mathias.

Frau Lautenschlag war eine so zerstreute Hausfrau, daß es schon besser war, sie komponierte. Dies auf alle Fälle. Mit dem Glauben aber, daß ihre Lieder und Klavierstücke den Wohlstand der Familie heben würden, blieb sie allein. In diesem Hause konnte eins fürs andere sehr realpolitisch denken. Otto hatte einen Pfiff erfunden, der sich speziell auf den ephemeren Charakter dieser Einnahmen bezog. Nun fand aber Frau Lautenschlag in Paris einen Verleger, ihre Lieder und Klavierstücke, ob sie auch keinen Groschen eintragen sollten, wurden gedruckt, und viele Jahre hindurch widmete sie sich ihnen mit Leidenschaft. Bis tief in die Nacht hinein saß sie an ihrem Flügel; ganz leise, daß sie niemand weckte, schlug sie manchmal eine Taste an, und schier taumelnd vor Müdigkeit, aber tief befriedigt, schlich sie endlich in ihr Zimmer. Mit der Kritik ihrer Töchter fand sie sich ab. Diese gaben zwar mit Respekt, aber ohne sonderliche Wärme ihre Meinung kund. Nur einer einzigen Arie schenkten sie eines Tages rückhaltlosen Beifall. Sie war durch Glucks Armida inspiriert worden. Ach, es war das Schwanenlied der armen Madame Lautenschlag und blieb als ein schwer zu entzifferndes Manuskript zurück, aber wie schön war die Diktion, mit welcher sie es noch zum Vortrag brachte.

Es fällt schwer, in einer Familie den Kern der Dinge, die Substanz hinter den Erscheinungen rein zu halten von allem Unwesentlichen, das wie Staub unter den Füßen ist, wie totes, düsteres Laub. Fort mit ihm, es ist ohne Anteil am Leben des Stammes. Es ist nicht.

Frau Lautenschlag war eine optimistische Natur, immer bereit, die Dinge von ihrer besten Seite anzusehen, aber sie hatte eine Hemmung gegenüber ihrem Sohn Otto, die sie bekämpfte, aber die mit den Jahren wuchs. Er war nicht ihres Geistes, noch des Herrn Lautenschlags. Es war das einzige unmusische ihrer Kinder: eine Abenteurernatur. Seinen drolligen Geschichten konnte sie nicht folgen. Er sprach so schnell und immer deutsch. Mit tiefer Gleichgültigkeit vergalt er ihr Gefühl der Fremdheit. Dagegen wußte er Hespera mit seinen atemlosen Einfällen zu unterhalten, und was hätten seine Schwestern ohne ihn angefangen? Wir werden noch darauf zu sprechen kommen.

Und während die Mutter emsig komponierte, frönten die Geschwister eine Zeitlang einer anderen Leidenschaft, bei der es auch um Unsummen ging, die noch imaginärer waren. Nachts versammelte man sich heimlich und leise im Speisezimmer und spielte Karten. Es wurden vierzig, es wurden bis zu achtzigtausend Mark gewonnen. »Wir sind quitt!« rief Mathias, wenn Otto sie reizte und sie verloren hatte. »Wir sind quitt.« Das Feuer im Ofen ging aus, die Lampe brannte herab, fröstelnd und hungrig saßen sie dennoch auf, schlichen in die Küche und fanden nur schwarzes Brot. Aber später sah man sich vor und aß frohlockend um drei Uhr morgens ein aufgespartes Allerlei und braute Tee. Und warum dies alles? Was veranlaßte den Zauber dieser sinnlosen Zusammenkünfte? Die Tatsache, daß Hespera es nicht verschmähte, ihnen beizuwohnen, daß sie sich herbeiließ, daß sie geruhte, mitzuspielen, die Teilnahme, das Beisein Hesperas war es. Wenn sie entweder keine Lust hatte oder verreist war, dachte keines daran, solche nächtlichen Sitzungen zu beantragen, nie und nimmer wurde ohne Hespera gespielt.

Als ein ungeheures Fest, mit einem Glanz ohne Ende, rauschte in der zweiten Hälfte des April der Frühling weiten Atems durchs Land. In den Anlagen gab es Bäume und Büsche genug: sie fingen ihn ganz. Nicht nur die Wiesen, die Gebirgsbäche und Wälder. O nein, auch die Straßen, die simplen Dächer sogar. Noch war man gerne in der Stadt. Sie war noch schön im Geläute ihrer Glocken. Im Glaspalast wird am frühen Vormittag die Blumenausstellung feierlich eröffnet. Sie ist das Werk des Herrn Lautenschlag. Mittelalterliche Klostergärten, ganz verwunschene, wunderschöne, liegen nach Süden, hingeträumt nach Norden englische Parkanlagen; dann führen die braunen Sandwege an französisch gestutzten Hecken entlang, Bernheimer hat gern manche Barockfigur geliehen für dies Rondell, für jene Anhöhe, jenes Beet, inmitten jener Rosenwelt . . . Draußen ist Militär aufgestellt. Flotte Leutnants lassen Kommandorufe an ihre Kompanie ergehen. Nun Musik! In offenen Kaleschen der alte Prinzregent, dann die Prinzen, in hellen Kleidern die Prinzessinnen. Die meisten Hochrufe erntet noch Prinz Alphons, weil er am leichtsinnigsten, Prinzessin Elvira, weil sie am verführerischsten und schönsten ist. Tusche, Musik. Die Hofchargen, die Diplomaten. Herr Lautenschlag ist längst drinnen zum Empfang. Aber die Kinder schauen noch lange zum Fenster hinaus. Himmellange Fahnen wehen blauweiß von den angrenzenden Häusern und dem monumentalen Glasbau; die ganze Veranstaltung hat bei aller Festlichkeit und allem Dekorum etwas Urgemütliches und Ungezwungenes, sie ist so typisch bayrisch, daß es die heimischen Herzen erfreut. Erst als die Straßen sich wieder leeren, begeben sich auch die Damen Lautenschlag in die Ausstellung, ein aufgeplusterter Mathias an der Seite der Schwestern.

Herr Lautenschlag hat bei solchen Anlässen kein Auge für die Seinen. Sie müssen es sich gefallen lassen, daß er sie gänzlich ignoriert. Auch allzu viele Lobreden hört er daheim nicht gern; die Blätter mit den langen Spalten, in welchen die Fachleute sich über seine Gartenkunst aussprechen, bleiben im Bureau. Indes schlagen die Düfte der Blumen aus den Toren und den geöffneten Scheiben bis ans Haus. Die Militärkapelle spielt des Nachmittags, der Glanz dieser Ausstellung ist einzig an Herrn Lautenschlags Namen gebunden, der Andrang ist gewaltig, trotzdem wird sich in vierzehn Tagen ein Riesendefizit ergeben. Denn Herrn Lautenschlags Gartenanlagen, die privaten wie die öffentlichen, stellen sich jederzeit als so teuer heraus, daß sie mit dem Kostenvoranschlag in keinerlei Verhältnis stehen.

Aber wir sind noch nicht so weit. Vorläufig ist erst der 26. April, und für morgen nachmittag ist ein Tee anberaumt: einer von den ganz großen. Es muß zugegeben werden, daß Madame Lautenschlag, ob sie auch eine Hausfrau in Gottes Zorn ist, einen Salon in vollendeter Weise zu halten weiß. Sie ist dann in ihrem Element wie eine Dame aus dem Dix-huitième.

Mathias will die Kuchen besorgen helfen. Sie wird ja dabei sein, muß sie doch helfen servieren. Dienerschaft tritt keine dabei hervor. Und wieviel ist denn vorhanden? Kaum mehr als man zum Türöffnen bedarf.

Mathias ist der Snob der Familie. Manchmal gelingt ihr ein erfolgreiches Veto, wenn eine Einladung sich auf jemanden erstreckt, der ihr einer so hohen Ehre allzu unwert erscheint. Ha! wie die Wagen sich wieder vor dem Hause stauen werden! Da kommen die von Zwingers nicht heran. Eine Welt, ein ganzes Planetensystem trennt die Lautenschlagschen von den Zwingerschen Tees. Wollen wir ein wenig zu diesen hinübersehen? Dort sind sie alle Tage und gelten als nichts Besonderes. Den von Zwingers ist der Genius des Geldes bis auf Widerruf gewogen. Denn hier war Solidität, Sinn für Ordnung und System. Zwar beziffert sich, was man wohltätigen Zwecken zuwendet, recht hoch, doch fehlt dabei nicht das ökonomische

Bestreben. In den Schlafzimmern wird nicht gefeuert. Selbst im härtesten Winter bleiben die Fenster geöffnet; das Geld, das hinausgeht, kann auch wieder herein. Von den Töchtern – es sind deren fünf – hat die älteste, wie einst ihre Mutter, bei der indessen zur Greisin gewordenen reichen Tante ihr Zuhause. Die zweite ist die nicht schöne, aber ungemein kluge, gebildete und angenehme Dorothea; lebhaft, freundlich, meist in Gedanken und zerstreut.

Lange nicht so einfach steht es um Hedwig, diese wahrhaft sensationelle, fast überlebensgroße, statueske Erscheinung, und infolge einer mysteriösen Krankheit so schlank, daß auch die faltigsten Kleider über das Nichtvorhandenseins ihres Busens wie ihrer Hüften nicht im geringsten hinwegtäuschen. Statuesk wirkt auch das goldblonde Haar, das ihr wie eine natürliche Krone entstrahlt. Hedwigs tägliche Nahrung besteht in zwei Eidottern in einem Gläschen Tokaier verrührt. Das ist alles. Ihre ein wenig unnahbare Art hängt mit diesem superioren Speisezettel zusammen. Unvermeidlichen Ekel muß in ihr der Anblick dampfender Speisen: Fisch, gar Braten mit seinen üblichen Zutaten, und mehr noch die Tischgesellschaft erregen, die mit sichtlicher Befriedigung diesen für Hedwig so ungenießbaren Dingen zusprach. Ist ihr Ton leicht überheblich, so fesselt ihr Deutsch durch die vollkommene Natürlichkeit ihres englischen Akzentes, Madame Lautenschlag preist des öfteren ihre yeux de diamant. Sie leuchten in einem klaren, aber keineswegs kränklichen Gesicht. Krank oder nicht, hat die schöne Hedwig einen feurigen

Bewerber, während Dorothea nunmehr dicht vor ihrer Hochzeit steht.

Dies also waren die beiden interessanten Schülerinnen der Frau Lautenschlag, der zuliebe Mrs. von Zwinger die zwei jüngsten Töchter von dem ohnedies stark in Mitleidenschaft gezogenen Bechsteinflügel fernhält. Musik? Die brauchte man vor allem, wenn Besuch kam, um die leicht einschläfernde Konversation zu beleben oder den Worteschwall ordentlich in Gang zu bringen. Und dafür genügten zwei. Zwar hätte sich ja als Dauereinspielerin die freundliche, aber reizlose Gertrud besser geeignet. Edel auch sie. Doch nicht so rasch wie für ihre Schwestern dürfte ein Freier sich melden. Ein permanenter Stockschnupfen beeinträchtigt ihre Sprechweise. Mit dem ein wenig blöden, aber forschenden Blick ihrer wasserblauen Augen – es sind die gütigen und duldsamen Augen eines Schlachtopfers – sieht sie den Dingen gerne auf den Grund – und erkennt nichts!

Von unserer Candida haben wir schon gesprochen. Sie ist die weitaus Jüngste und steht auch deshalb den Lautenschlagschen Mädchen am nächsten. Zwischen ihr und Gertrud kommen zwei Brüder, der ältere mit dem Ausruf ›Victory‹ bei seiner Geburt begrüßt und meistens Vicky genannt und der hübsche Tobby, Abgott seiner Mutter.

Somit hätten wir die ganze, wohlgeratene Schar.

Halt! Da ist noch eines, des verstorbenen Brüderchens, zu gedenken. Pietätvoll eingerahmt hängt im Speisezimmer seine ins Unmenschliche vergrößerte Photographie einem Ölporträt von Stieler gegenüber.

Mathias, angesichts aller Vorzüglichkeiten dieser Familie nicht selten von Minderwertigkeitsgefühlen überkommen – insbesondere steht sie, die sich an Krapfen sowie an Nudeln und Strudeln unschwer überißt, zerknirscht vor Hedwigs so ideal vereinfachten Mahlzeiten –, Mathias braucht nur dies monströse Bild zu betrachten, damit ihr Selbstbewußtsein im Sturme von neuem steigt. Dies verstorbene Brüderchen, nächstes Jahr ein verstorbenes Onkelchen wohl, sitzt auf einem Samtsessel im kurzen Kinderkleidchen, das ein Riesenkleidchen ist, das Stück Kinderhöschen ein Stück Riesenhöschen natürlich und das Kindermündchen voll Gelächter ein weit offenes Scheunentor. Generationen werden vergehen, das verblichene Brüderchen, bald ein Onkelchen wohl, wird zu einem Großonkel vorrücken und weiterhin von einer Zimmerwand auf Zwingersche Familienmitglieder herniederlachen. Hinge so etwas bei Lautenschlags? – Undenkbar. Und dieser Schreibtisch, der da am Fenster eine Lücke ausfüllt, stände er bei Lautenschlags? Nimmermehr! Hedwig aber? Sie, die, Gipfel aller Eleganz, in ihrem Besteck kein Messer führt, nimmt sie dies Bild gelassen in Kauf? Ihr zuliebe würde es wohl entfernt werden, denn sie hat eine Sonderstellung im Hause, wie Hespera bei den Ihren. Hedwig aber! Ah, wie unbeschwingt, wie ahnungslos mutet sie, mit Hespera verglichen, an; ob sie auch die ungleich imponierendere ist. Traumleicht wie ferne Musik, entzückt Hespera nur! O seht, wie hoch über alle hinaus die Schaukel mit ihr emporfliegt!
Mochten bei von Zwingers das farbige Londoner

34

Porzellan für vierundzwanzig und mehr Personen und die schönen gedeckten Silberschüsseln sein, auf schmucklosen Rohrstühlen saßen in diesem Speisezimmer die Geladenen. Unvorteilhaftes Licht fiel aus den gleichsam gellenden Gasflammen auf ihre Nasen, ihre Scheitel und Hälse; während bei Lautenschlags wehendes Kerzenlicht in dem reichen zierlichen Lüster aus Goldbronze brannte, den Madame Lautenschlag in die Ehe brachte, Ausgleich eines unzureichenden Geschirrs. Die zartverschleierten und kostbaren Lampen erwähnten wir schon.

Doch wozu all der Tand? Mrs. von Zwinger gehört zu den wenigen Menschen, welchen das Dasein nie zur lieben Gewohnheit wurde. Sie lebt ungern. Soll dies heißen, daß Professor Fritz Emanuels starke Raumverdrängung sich als Belastung ihrer Lebensfreude ausgewirkt hat? Es ist nicht anzunehmen, und keinesfalls würde sie sich selber hierüber Rechenschaft geben. Komplikationen im Eheleben kamen bei den von Zwingerschen Damen nicht einmal in Frage. Der Gedanke allein wäre als Verrat empfunden worden. Ungeteilten Gefühls und auf ewig dem Manne zugehörig, an dessen Seite man zur Trauung schritt, war er zur Stunde zum gottgewollten Ideal befördert. Was anderes gab es nicht. Ja, über dem protestantischen Gemahl stand nur noch der protestantische Gott und später der protestantische Himmel. ›Et quel ciel!‹ rief einmal Madame Lautenschlag mit einem Blick nach oben aus, als nähme sie ihren Himmel, der ein so anderer war, zum Zeugen. Nicht minder sattelfest in ihrer Lebensführung, war ihr doch jeder Rigorismus fremd, und für sie war die Welt, wie Balzac, Flaubert, Maupassant sie schildern, kein Buch mit sieben Siegeln. Aber nicht nur, daß bei Zwingers von solchen Romanen keinerlei Kenntnis genommen wurde, man wußte hier auch wirklich nichts von Schlechtigkeit und nichts von Niedertracht. Konnte ein Zweifel sein, daß der erfahrenere Otto vor Victory und Tobby nicht bestand? Ein Schatten stahl sich in die Augen seiner Mutter, wenn sie die beiden mit ihm verglich.

Es geht auf halb fünf Uhr. Dunkelheit ist schon im Anbruch. Binnen kurzem wird dieser Tag der Vergangenheit anheimfallen, so wenig zurückzuholen sein wie Millionen oder Myriaden vor ihm. Sie kennt keinen Unterschied zwischen der Eiszeit und dem Gestern . . . Das Zwingersche Haus sieht nach Westen, der große Garten bildet die andere Straßenseite. Die Sonne bereitet sich zum Untergange. Die Fenster scheinen von bebenden Schleiern durchleuchtet, sie flimmern wie Augen, die in Tränen stehen. Rosa Streifen ziehen am schönen Münchner Himmel hin; aber die meist beschatteten Bäume sind noch kahl, und rechts an der Kreuzung wuchtet der Riesenbau aus schwarzem Gebälk und finsterem Glas.

Von vier Uhr ab steht der Tee gerüstet. Hedwig hat diese Stunde für ihre Liegekur gewählt. Dorothea macht Besorgungen, Gertrud mit dem permanenten Stockschnupfen und dem gütigen Blick eines Schlachtopfers hat sie begleitet. Nur Candida ist auf dem Plan.

Nicht der Eitelkeit zuliebe, nicht fürs Auge, auch

nicht zum Vergnügen, sondern aus Gründen der Wohlfahrt steht hier in dem geräumigen Speisezimmer der lange viereckige Tisch so reich besetzt: auf dem Holzteller Schinken, Hart- und Streichwurst au choix, im ungefälligen Brotkorb geschichtet Semmeln, Butter in ausgiebigem Format, Marmelade in Kilodosen, Orangen zuhauf, Feigen und Datteln, oder Kirschen, Aprikosen, Trauben, je nach der Jahreszeit. Drei oder viermal die Woche findet sich Frau Witwe Schorn mit ihrer fast ebenso ältlichen Tochter ein, sowie zwei englische Sprachlehrerinnen, Mrs. Selby und ihre Schwester Fräulein Lotte Steigelberger. Die ältere Steigelberger hat den früh verstorbenen Mr. Selby geheiratet. Seit dreißig Jahren ist sie nun Witwe. Ihr Englisch hat sich seither nicht gebessert, aber sie fährt fort, das der anderen zu verderben. Denn dagegen gab es keine Paragraphen, und der Name kam den beiden Frauen zustatten. Mit ungetrübter Seelenruhe läßt Mrs. von Zwinger die mörderische Aussprache über sich ergehen, wenn sie nur tüchtig essen. Sie selber ißt nichts. Freundlichen, aber gänzlich verlorenen Blickes waltet sie der massiven silbernen Teekanne und schenkt ein, sowie sie nur eine leere Tasse gewahrt. Hierfür hat sie trotz aller Zerstreutheit ein Auge. Dies Auge ist groß, von einem leicht verwaschenen Lapislazuliblau, nicht ohne sanften Eigensinn. Mrs. von Zwinger ist schmächtig, ihr Mann ein Hüne, alle Kinder schlagen ihm nach. Fritz Emanuel läßt seine Frau schrankenlos gewähren, was in ihrem Falle gleichbedeutend ist mit spenden – wenn er nicht zu Hause ist, nämlich fast den ganzen Tag. Nicht einmal die Sprechstunden hält er in seiner Wohnung. Höchstens spricht er zwischendrein auf ein paar Augenblicke dort vor. Wenn Pferdegetrapp und das Anfahren eines Wagens erschallen, sehen die Damen Schorn und »the Misses Selby«, wie sie sich offiziell nennen, voll Unbehagen zur Türe hin, durch welche dann der Professor eintritt und einige peremptorische Befehle erläßt. Nur Frau Erlendicht, die immer, wer auch kommen mag, den Ehrenplatz einnimmt, bewahrt bei solchem Auftreten ihre Ruhe. Nicht ihr imponierte man, sie imponiert selbst. Aber die Damen Schorn und Selby atmen auf, wenn der Herr des Hauses sich wieder entfernt, und der Tee geht dann wieder von vorne an. Gelangweilt sucht Candida zwischendrein ihr Zimmer auf, kehrt aber reuig zurück, um ihrer Mutter beizustehen. Treten an solchen Tagen Gervaise und Mathias auf, so nehmen sie rücksichtslos unter irgendeinem Vorwand den Reißaus. Nur Madame Lautenschlag, die sich nie zu einer Unhöflichkeit vermag, läßt sich dann halten. Zudem übt Frau Erlendicht nach wie vor eine unleugbare Faszination auf sie aus, und es beginnt stets dasselbe Katz- und Mausspiel, wobei Madame Lautenschlag zwar die Maus abgibt, eine Maus jedoch, die sich zu stellen weiß. Bei den theologischen Disputen, die sich unweigerlich entspinnen, zeigt sie sich in St. Augustinus wohl beschlagen. Doch was hilft's? Auch ihn rupft Frau Erlendicht mit ihrer Gartenschere zurecht. Nicht so unbedingt und kurzerhand wie ihr Mann und ihre Kinder bricht Frau Lautenschlag über den Protestantismus, der bei Zwingers mehr oder minder ein Anglikanismus ist, den Stab. So sehr auch sie ihn ablehnt, einige Punkte sind da, mit welchen sie nie müde wird, sich auseinanderzusetzen. Dabei erwacht Mrs. von Zwinger aus ihrer Lethargie, solche Gespräche interessieren sie, und sie beteiligt sich daran. Sie ist gegen das Zölibat.

Sind ihre Gäste gegangen, so obliegen ihr zumeist noch allerlei gesellschaftliche Pflichten von derselben Art wie ihr Five o'clock. »Motherle, don't forget your purse«, darf die treuherzige Candida sie erinnern, wenn jene sich anschickt, in ihre prachtvolle, etwas abgetragene Pelzjacke zu fahren, die ihr ein wenig schief, aber gar nobel vom Rücken hängt. Hilfsbedürftigen beizuspringen: die Rolle lag ihr. An ihre eigene Familie aber sollte keine Armut sich heranwagen. Ihre Schwiegersöhne hatten vermögende und angesehene Männer zu sein, wie sie nur reiche und schöne Bräute für Victory und Tobby in Aussicht nahm.

Die wirklich weltfremden, in den Wolken lebenden Leute waren gewiß nicht die bibelfesten Zwingers, sondern die drastischen Lautenschlags.

Es ist halb sechs Uhr. Gehen wir rasch hinüber. Dort ist jetzt der ›Tee‹ im vollsten Schwung. Candida ist immer eingeladen. Aber sie muß warten, bis die Damen Schorn und Selby sich empfehlen.

Ja, wirklich, die Wagen versperren fast die Straße und stehen gedrängt. Mathias, der Snob der Familie, der hinter einem Vorhang nach ihnen späht, hat sie gezählt. Eintreten soll sie erst, wenn man sie brauchen wird; sie hat Angst und bliebe lieber an ihrem Fenster. Sie freut sich, wenn eine blaue Hofkutsche vorfährt, auch wenn ihr nur eine gebrechliche alte Palastdame entsteigt. Übrigens hat sich heute eine abgesetzte Königin – sie sind noch selten – eingefunden. Leider zu Fuß. Macht einen Wagen weniger. Wenn doch Candida früh genug erscheint, um sie noch anzutreffen. Im schmalen dunklen Gang sitzen Lakaien in langen Mänteln und wundern sich immer wieder, hier zu sein. Sie sind standesgemäßere Vestibüle gewohnt, um auf ihre Herrschaft zu warten.

Der Moment für Mathias ist gekommen: hochrot und verlegen betritt sie den Salon. Aber man schenkt ihr keine Beachtung. Also das ginge auch noch ab. Auf irgendeine Weise muß den Lautenschlags denn doch gezeigt werden, daß sie nicht zählen, sozial ohne Rang sind. Mathias bietet einen willkommenen Anlaß; sie macht sich gar nichts daraus, o nein, sie ist sehr froh. Im Nebenzimmer sieht sie Hespera in der Glorie eines duftigen und aparten Kleides im lächelnden Gespräch mit einem jungen Mann. Er sieht entzückend aus. Er könnte ein Lord sein. Ach, statt dessen ist er arm. Die Bahn soll ihm durch einen reichen Onkel geebnet werden. Julchen, dessen häßliche Tochter, hat ein brennendes Auge auf ihn geworfen. Sein Schicksal ist schon besiegelt: ihre Pferde werden mit ihm durchgehen. Als einen modernen Hippolyt, nicht anders, wird man ihn unter dem Wagen hervorziehen, der ihn schleifte. Seht, wie schon alles bestimmt ist: Julchens Traum wird sich erfüllen, ihr Angebeteter wird keiner anderen gehören. Aber so nah es bevorsteht, nichts kündet das Schrecknis an; er macht Witze, leichten Tones bringt er Hespera, die sich so gerne amüsieren läßt, zum Lachen. Sie kümmert sich nicht allzuviel um die anderen Gäste.

Mathias hält ihre eigene Rangliste. Nach der Königin kommt gleich der Nuntius, aber der Uditore, der ihr zuviel Platz nimmt, darf lange warten, bis sie ihm etwas bringt. Für sie hat jetzt der Kapellmeister den Vorrang, denn Musik ist mehr. Der Gesandte stutzt: soll er die Tasse entgegennehmen, die der ungezogene Fratz ihm reicht? Der Zwetschgenkuchen ist etwas hart geraten. Die Königin müht sich vergebens mit seiner Kruste ab. Sie hätte statt des Teelöffels gern ein Gäbelchen. Werden Lautenschlags einmal welche geschenkt erhalten? Sie sind nur im Besitz von Gabeln.

Mit den Petits fours treibt Mathias eine ganz und gar selbständige Politik: sie spendet die besten nach ihrem Dafürhalten, dem Uditore immer nur gestrichene Brötchen, aber rosa überzuckerte Kognakkirschen für Monsignore Locatelli. Sie jongliert mit ihren beiden Tellern wie ihr beliebt.

Jetzt geht sie wieder ins Speisezimmer und überlegt vor dem Büfett ihren nächsten Rundgang. Es ist gar schön, mit dunkelgrünem Samt ausgeschlagen, die

Vitrine reich von inkrustierten Früchten und Girlanden überhangen, eine Ehrengabe; stammt aus der Normandie über Bernheimer her. Hier glitzert auch mancher Pokal, altes Kristall und Porzellan täuscht Luxus vor, silberne Tablette, silberne Eisbecher stehen in ihrem Glanze und werden nie gebraucht. Womit sollten Lautenschlags eine Eismaschine beschaffen? Auf den Gedanken einer so kühnen Ausgabe kommen sie nie. Mathias hat Marrons glacés ans Licht befördert, sie zögert und versteckt sie schnell noch einmal. Da niemand sich mit ihr befaßt, glaubt sie sich unbeobachtet. Aber die Blicke der munteren Sophie Wallberg, die mit dem Assessor unter der Türe steht, verfolgen sie schon lange, die beiden lachen Tränen, ja wahrlich, sie finden sich in ihrer Belustigung. Aus dem Einklang derselben wird ihre Sympathie entstehen, der springende Funke ihrer Zusammengehörigkeit erhellt. Mathias eine Ehestifterin, ohne es zu ahnen. Der Assessor ist eine gute Partie. Die muntere Sophie nimmt von dem Tag an Mathias in Schutz.

Aber eine Stille ist eingetreten. Madame Lautenschlag hat sich zum Flügel begeben, sie spielt zwei Präludien. Es geschieht heute nur pro forma. Dann winkt sie einem totenblassen Mädchen, welches die ›Captive‹ von Berlioz zum Vortrag bringt. Sie ist klein von Gestalt, aber schön. Wie sie in ihrem weißen Tuchkleid erbebt! Sie weiß, daß von dem folgenden Augenblick viel für sie abhängt. Nur des weltberühmten Dirigenten wegen, der sie vernehmen soll, wurde die Einladung vom Abend auf den Nachmittag verlegt. Sie möchte in ›Fausts Verdammung‹, die er dem-

nächst zur Aufführung bringt, die Partie der Marga-
rethe übernehmen. Mit unbeweglicher Miene hört er
jetzt zu. Es ist die steinerne Maske, die man in ent-
scheidenden Momenten an ihm kennt. Als sie aber zu
Ende ist, geht er auf sie zu, er spricht eingehend mit
ihr.

Zitternd vor Freude, rückt Mathias mit den Marrons
glacés heran. Und wo hat sie mit einem Male die
vielen Pralinen her? Sie sind für die Helden des Tages.
Candida ist eingetreten, sehr verspätet. Die Damen
Schorn sowie die Hart- und Streichwurst essenden
Misses Selby sind lange geblieben. Wer sagt, daß sie
sich des Kontrastes zwischen ihrer patenten, aber
unschönen Wohnung und dem Anblick dieser Räume
bewußt sind? Sie sind hoch, wenn auch nicht groß.
Wunderbar leuchten im Scheine der geschenkten
Lampen die meist geschenkten Bilder von den Wänden, von der einen besonders, an der sie, von keiner
Türe unterbrochen, wie zu einem einzigen Altarbild
zusammentönen. Die Möbel sind so zierlich! Und
welche Fülle von Blumen! Blumen kosten nichts für
Lautenschlags.

Der große Dirigent ist mit der Sängerin abgezogen,
auf der Stiege hat er die Hand auf den Arm der
Sängerin gelegt. Mathias hat es gesehen. Madame
Lautenschlag weigert sich, noch einmal zu spielen,
denn der Nuntius unterhält sich etwas mit dem französischen Gesandten. Er hat Pläne auf weite Sicht.
Frau Lautenschlag erriet es längst. Von Rom führe ein
Weg nach Berlin. Herrliche Träume eines Zusam-
mengehens . . . ach, sie werden nicht zu Ende ge-

träumt werden. Ein furchtbares Dunkel, dessen Aus-
maße heute keiner von ferne ahnt, wird sie eines
Tages verschlingen. Es ist noch ein glücklicher,
gleichsam noch schuldloser Planet, der sich im Kos-
mos dreht. Baßgeigen der Hoffnung hängen noch in
der Luft.

Der Nuntius und der Gesandte unterhalten sich gerne
auf dem unverbindlichen Terrain des Hauses. Mit
Vorliebe begegnen sie sich hier, sie schlagen hier keine
Einladung aus. Die Trennung von Kirche und Staat
steht in Frankreich noch nicht zur Diskussion. Was
wir für Leute sind, denkt Mathias.

Zugegeben: aber spinnt dort nicht eine Petroleum-
lampe zur rauchgeschwärzten Decke empor? Kein
Gas, nicht einmal Kohlen werden hier geliefert, nur
staatlich bewilligtes Holz prasselt in den Öfen. Die
Tapeten müssen noch viel defekter, Zimmer, Küche
und Gang viel verrußter sein, bevor der zuständige
Oberbaurat zu Tisch gebeten wird, um sich den weit
gediehenen Schaden zu besehen, so daß er spontan die
Maurer und Anstreicher schickt. Sein Lebtag lang
wird Herr Lautenschlag zu keiner Eingabe um elektri-
sches Licht, geschweige denn um ein Telefon zu
bringen sein. Was hätte er dann noch dem Übermut
der Seinen entgegenzuhalten? Nein, nein, eine Necke-
rei hält sich im Dauerzustand aufrecht.

Bei den Empfängen erscheint er nur in Ausnahmefäl-
len. Aber er läßt sich erzählen, wer da war, wer noch
und wer noch. Und was für Gischpel und Hans-
dämpfe außerdem? In einem Punkte sind alle einig:
Gewisse Leute, die sich auf Grund ihrer gesellschaftli-

44

chen Stellung vermessen, sich selber einzuladen, versuchen das kein zweites Mal. Gewiß nicht.

Nun sind alle fort. Kein Wagen steht mehr vor dem Tore. Es wird heute nicht zu Abend gekocht. Man ißt von den Resten und trinkt den bitter gewordenen Tee. Bis in die Nacht hinein vergnügen sich die Damen mit Gesprächen über ihre Besucher. Das Thema ist unerschöpflich. Plötzlich gerät das dramatische Talent der scheinbar oft so somnolenten Gervaise in Schwung. Der Salon verwandelt sich zur Bühne. Wenn sie mimt, entstehen gleich Kulissen, Hintergründe, man weiß nicht, wie. Die Grimassen, die sie schneidet, heben die täglich reinere und vollendetere Zeichnung ihrer Züge noch mehr hervor. Der Uditore zieht wie aus einer Versenkung herauf. Sie geht, sie kommt wieder, bald als dieser, bald als jene, sie zirpt, sie flötet, sie geißelt durch ihre unerbittliche Nachahmungskunst, wer zu imponieren glaubt, wer blöd, wer seiner am sichersten ist. Der Vater wird wieder geholt. Er steht an den Ofen gelehnt. O wie er lacht! Das Mädchen sprüht inmitten des Jubels und Geschreis. Der Abend beginnt von neuem. Ah – wie vergnügt sie sind! Wie lacht Frau Lautenschlag, wie lacht Hespera! Wie lacht Mathias. Nur Otto hat nichts zu lachen. Er ist nicht zugegen und steht hart vor dem Abitur.

Hespera zieht sich als erste zurück. Ihr Zimmer hat ja als Boudoir gedient und muß einigen Verwandlungen unterzogen werden. Ein Diwan dient ihr als Bett. Ein paar Leisten sind aus den Fugen gegangen, die Matratze ist hart und schief. Nach einer Weile gleitet man da abwärts gegen die Wand. Hespera hat sich daran gewöhnt, sie liegt in der Mulde wie in einem Schrein. Wie in allen Dingen ist hier ein Auf und Nieder, ein Ab und Zu, ein Zuwachs und ein Zerfall. Kaputt ist kaputt in diesem Hause, und repariert wird nichts. Aber von der Decke hängt, vielbewundert, eine silberne Ampel. Hespera hat sie auf der Auer Dult entdeckt und instand setzen lassen. Früher diente sie in einer Barockkirche als Ewiges Licht. Auch jetzt wirft sie nur einen matten Schimmer, mehr auf sich selbst und ihre eigene Vollkommenheit, rings umher. Sie ist ein gar köstliches Ding. Mit Liebe schaut Hespera zu ihr auf.

Auch Candida hat zu Hause von dem Tee bei Lautenschlags erzählt, und Professor von Zwinger hält mit seiner Meinung über den rettungslosen Größenwahn dieser Familie nicht zurück.

Wie aber, mögen manche fragen, kommen diese Leute, diese Leutchen, zu ihrer sonderbaren Stellung, oder, da sie gar keine Stellung haben, in ihre sonderbare Lage? Die Antwort ist: München. München war die individualistischste Stadt der Welt; die Menschen sind dort nicht besser und nicht schlechter als anderswo. Aber der Boden war für das Ausgefallene weit aufnahmebereiter als andernorts. Über den Lautenschlagschen Salon standen gelegentlich höchstens Berliner Kopf. Und es kamen fast nie welche hin. Für die preußische Gesandtschaft, so wenig ernst sie ihn natürlich nahm, stand er auf der schwarzen Mokierliste, auch Offiziere sah man nur wenige. Frau Lautenschlag, bei ihrem Anblick an die verlorenen Provinzen

erinnert, wurde traurig und ein wenig zurückhaltender gestimmt. Aber die anderen Diplomaten, vor
allem die Landsleute von Frau Lautenschlag, fühlten
sich heimisch. Alles bei ihr war selbstverständlich,
wie die liebenswürdige Haltung ihres schmalen Kop-
fes. Hespera war ein Elf, vor ihr machte aller Hohn,
der sich oft reichlich über Lautenschlags ergoß, betroffen halt, Gervaise fing an durch ihre Schönheit zu
interessieren, und schöne Mädchen hatten in München an sich, durch ihre Schönheit, eine Position.
Allein es war nicht nur das. Es war noch etwas
anderes. Spotteten andere über Lautenschlags, so
spotteten Lautenschlags über andere noch viel mehr.
Sie zogen in diesem Punkte nicht den kürzeren. Wodurch behaupteten sie sich nun? Was lieh ihnen diese
haarsträubende Sicherheit? Kein Dünkel, kein Hochmut – der Hochmut war viel eher Sache der von
Zwingers – aber der beispiellose Größenwahn? Die
Tatsache, daß sie die meisten Leute als Dilettanten
erachteten, sie selbst aber keine waren. Darum glaubten sie die zu sein, die zuletzt lachten, weil bei ihnen
kein mittelmäßiges Bild herumhing (wie bei den anderen), weil sie sich in der Musik auskannten (aber
andere? Es war ja zum Lachen!), weil sie kein wertlo-
ses Buch für ein gutes ansahen (aber die anderen taten
das!), weil Frau Lautenschlag so schön spielte und ihr
frühverstorbener Vater ein so feiner Maler gewesen
war, weil Herr Lautenschlag so schöne Gärten anleg-
te, weil es gleich eine Sauerei wurde, als einmal ein
anderer die Ausstellung im Glaspalast veranstaltete
statt seiner. Freilich, was für eine trotz aller Orden

schäbige Uniform eines kleinen Beamten trägt er zum Ärger der Seinen bei offiziellen Gelegenheiten! Weit, meilenweit zurück kommt er an Fronleichnam in der Prozession. Er bräuchte sich nicht zu zeigen. Er tut es dennoch. Sein Selbstbewußtsein tritt nur selten hervor, er ist ein bescheidener, nur in seinem Fach versierter Mann. So ergibt sich hier jede Situation, jedes Auf und Nieder so recht von innen heraus; wirkliche Angriffsflächen bietet eigentlich nur Mathias, der Snob der Familie, mit seiner Schwäche für die Hochfinanz, den Hochadel und das Diplomatische Korps.

Nieder

Die Sonne spielt zuversichtlich auf den Frühstückstisch herein. Die Front des Hauses liegt nach Norden, der Straße zu; aber nach Osten – denn es steht ja frei – sehen die Fenster auf einen anderen Hof als nach Westen. Dort sind hohe Bäume. Es ergibt sich also eine Zimmerflucht, und wenn die Türen offenstehen, sieht man von einem Ende zum anderen schon ins Grün. Noch ist es jung, bald wird es Schatten auf den Wänden treiben wie auf einer Wiese, aber die Sorgen, die huschen heute nicht so leicht hin und her. Eine Wolke, ein Windstoß fächeln sie nicht fort. Es ist ein anderes, ein finsteres Spiel, das sich da immer von neuem tut.

Die gehobene Stimmung des gestrigen Abends hat umgeschlagen. Es ist die regelmäßige und unvermeidliche Reaktion. Der starke Tee trägt sein Teil Schuld.

Gegen Morgengrauen wurde Frau Lautenschlag von Angst um die Zukunft ihrer Töchter verzehrt. Ach, sagt sie, wenn euer Vater heute die Augen schlösse, was würde aus euch? Aber sie lachen sie aus; sie halten sie zum besten; sie sagen ihr nicht, daß sie, von derselben Panik erfüllt, schlaflos geblieben sind. Hespera schweigt. Sie ist das unnütze Gerede leid. Die Kühle ihres durchdringenden Blickes ist nicht die Kühle des Herzens, sondern des Verstandes. Auch ihr schaudert. Doch sie äußert sich nicht. Wozu? Sie gehört nicht ganz, nicht unbedingt zu den Lautenschlags. Ihre Zugehörigkeit betrifft nur das Niveau, die Beziehung zum Schönen, den kritischen Sinn, den sie mitbestimmen half, die Harmlosigkeit, die aber bei ihr ohne Naivität ist. Mit der nur ihr eigenen Schärfe überblickt sie die Ungunst der Umstände, die Feindseligkeit der Dinge ihrer Familie gegenüber. Sie verschmäht Hoffnungen, die nur Illusionen wären. Woher kennt sie die Welt so gut? ›Le radeau de la Méduse‹, so hat sie längst dieses Haus im stillen getauft.

Mathias sieht heute alles in den schwärzesten Farben. Zwischen ihr und Otto war es gestern zum offenen Bruch gekommen. Sie hatte ihn an sein Examen vom vorigen Jahr, in dem er durchgefallen war, erinnert und ihn einen ›Zündholzverkäufer‹ genannt, was er mit seinem üblichen Pfeil ›Klavierlehrerin vom fünften Stock‹, quittierte. Dafür, daß sie ihm die Marrons glacés entzog, die ihr gehörten, über die nur sie allein verfügte: es waren *ihre* Marrons glacés, sie hatte sie aus ihrem eigenen Taschengeld gestiftet. Aber nicht für ihn. Er brauchte keine. Damit war sie mit ihnen davongeeilt. Allein der Nachruf von der fünften Etage, der saß. Es bedurfte ja sehr wenig, um Mathias aus ihren Träumereien auf das Pflaster der Wirklichkeit hinzuschlagen. In der Tat, wenn alles schief ging, was sollte anderes aus ihr werden?

Eine und dieselbe Furcht drosselte die Mädchen Lautenschlag. Die vor einer Abhängigkeit in irgendwelcher Form. Sie machten da nur wenig Unterschied. »Eis g'fällig«, hatte Hespera einmal gemurmelt, angesichts eines Adjutanten, der allzu dienstbeflissen seiner Prinzessin voranschritt. Blöde Urteile über Musik oder Bücher oder Bilder unwidersprochen hinzunehmen, weil sie von Leuten kamen, in deren Sold man geriet, das war nichts für sie, o nein. In dieser Meinung waren die Eltern mit den Kindern eins. Diese mußten immer frei bleiben, frei, ihre Ansicht, gelegentlich auch ihren Hohn zu äußern. Das andere war Entwürdigung. Mit Entsetzen und Mitleid betrachteten sie jeden, den sie im Heer der Unterworfenen eingereiht sahen und dem vielleicht ganz wohl dabei war. Lieber wollten sie im Zigeunerwagen die Welt durchziehen und in Zelten nächtigen. Aber auch Pferde, der kleinste Zirkus kostete Geld. Würden sie genug dafür haben?

Was für eine seltsame Gefaßtheit, was für ein Wissen um die zarten Brauen Hesperas, wenn sie die Lider gesenkt hält. Sie ist im Bilde; ihre sämtlichen Talente, ihr Komödienspiel, ihr Gesang, ihr Geschmack werden nie einen Groschen tragen, weil es ihr an Kräften gebricht. Warum aber faßte niemand die schöne Gervaise am Arm und führte sie zu einem Dramaturgen, der sie auf eine dramatische Laufbahn vorbereitete? Ja, wer hätte die Großmutter in die Irrenanstalt gebracht, wenn nicht Professor von Zwinger eingeschritten wäre?

Pläne, Möglichkeiten, Aussichten wurden hier ins Endlose zerredet, ohne daß etwas geschah.

Jetzt stiegen aber die Lebensgeister wieder, denn eine Depesche kam hereingeflogen: ein junges Ehepaar aus Paris, das bei Lautenschlags hoch in Gnaden stand, spezielle Freunde Hesperas, sagte sich für denselben Abend an. Es war schon unterwegs. Da mußte aber die Köchin sogleich auf den Markt. Madame Lautenschlag legte großen Wert auf einen untadeligen Fisch als premier plat. Und Gervaise würde eine Galette herstellen. In der Rue de Seine zauberte man sie nicht besser.

Vergnügt ihre Notentasche schwenkend, begab sich Mathias in ihre Musikstunde. Sie übte außer Hause. Dafür hatte sie schon Verständnis, daß dies aus Rücksicht für Frau Lautenschlag so sein müsse.

»Les petites dépenses nous ruinent«, sagte zwar der Vater zur Mutter, als er vernahm, daß schon wieder Gäste erwartet würden. Doch er sagte es nur pro forma. Denn er freute sich auch, und alle hatten sie wieder ihre Morphiumspritze.

Tante Lina

Lautenschlags hatten sehr ergebene Freunde. Diese wünschten nicht nur den Aufstieg der Familie herbei, er unterstand für sie keinem Zweifel. Hespera, leicht wie eine Wolke, war ein Wunder. Schon hatte Gervaise Tage, an welchen Leute, die sie zum ersten Male auf der Straße antrafen, allerlei Manöver anstellten, um ihr nochmal zu begegnen oder, wenn sie die Elektrische bestieg, ihr dort folgten, weil sie glaubten, etwas Derartiges kein zweites Mal zu sehen. Was brauchten solche Mädchen an eine Laufbahn zu denken? Mußte sich ihre Zukunft nicht wie ein Blumenbeet unter ihren Füßen auftun?

Es gab ganz nüchterne Leute, welche so dachten und den Mädchen alle Baßgeigen vom Himmel zusprachen. Es waren die Habitués.

Aber es gab auch andere, sehr viele andere. Auch diese interessierten sich lebhaft und fragten, wie es weitergehen würde für diese paar anmaßenden Fräuleins, deren Ansprüche so wenig zu ihrer prekären Lage paßten. Was waren sie denn Besseres, oder waren sie vielleicht mehr als die Hunderttausende, die ihr Brot verdienen mußten, weil sie nichts hatten. Herzlich wenig Berufe standen damals den Frauen offen. Und das Leben würde diese da schon in die Lehre nehmen. Warten wir's ab. Gewiß war Herr Lautenschlag noch jung, gesund wie ein Fisch. Er war nie lang am selben Ort, viel auf Reisen. Da kann leicht etwas passieren, was Gott verhüte. Immerhin . . .

Aber niemandes Atem war so haßerfüllt, niemand unter den Gegnern war so übelwollend wie Tante Lina. War sie bei einer Einladung übergangen oder vergessen worden, so bat man sie, um sie zu besänftigen, das nächste Mal. Herr Lautenschlag legte es seiner Frau nahe, und Frau Lautenschlag war es ganz egal. Tante Lina erschien, viel zorniger, als wenn sie daheim geblieben wäre, im blauen Merinokleid und karierten Überwurf. Ihre groben Züge, ihre böse Miene schreckten alle zurück. Hager, mit eingedrücktem Brustkorb, aber ach, von der Magerkeit des Schürhakens. Unweigerlich entstand eine Leere um sie her. Die Lautenschlagschen Damen konnten sich ihr nicht immerzu widmen, und sonst wollte sich niemand mit ihr abgeben. »Bring mir Tee!« herrschte sie den Mathias an, aber der wußte schon, wie er seine Leute bedachte; was er ihr cholerischen Auges überreichte, war nie vom Besten. Endlich entfernte sie sich, ging aber unten im Flur noch eine Weile auf und ab, sprach mit sich selbst und fächelte ihre Wut. Sie würde genau so spielen wie Frau Lautenschlag, hörte man sie ausrufen. Nur am genügenden Unterricht habe es ihr gefehlt.

Herr Lautenschlag hätte sie am liebsten nie zu Gesicht bekommen, doch er wollte den Frieden. Er wählte sicher nicht den richtigen Weg. Vielmehr, es gab hier keinen richtigen Weg. Jeder war der unrichtige. Diese Frau kam einem Naturereignis gleich. Obwohl sie an der Wesensart der Lautenschlags wie an einer chronischen Krankheit litt, rüstete sie jetzt ein Fest, das mehr noch ihnen als ihrem Manne galt, dessen fünfzigster Geburtstag den Anlaß bot. Es war ein braver Gymnasiallehrer, der Angst vor ihr hatte. Seit Wochen mahnte sie immer wieder an das Datum. Es war der Zehnte des nächsten Monats.

»Es ist gewiß, es ist gewiß. Nous sommes invités

pour le dix« rief Herr Lautenschlag belustigt durch das Haus und verlegte die Betonung auf das vi. Also:

>»Es ist gewiß, es ist gewiß.
Nous sommes in*vit*és pour le dix.«

Aber trotz dieses Zehnten war Hespera am Fünften mit dem jungen, befreundeten Ehepaar nach Meran gereist. So wurde Mathias kommandiert. Es war bezeichnend für Tante Lina, die keines der Kinder so tief verabscheute, daß sie dennoch auf ihrem Kommen bestand. Der Vol-au-vent, die Schaumtorte, waren für so und so viele anberaumt. Ein fehlender Gast war ein Zeuge weniger für alles, was geboten werden sollte. Der Zehnte traf ein. Tante Lina wartet im schwarzen Seidenkleid mit weißer Halskrause und einer goldenen Uhrkette, daß angerichtet wird. Der Moment schob sich hinaus, wie das so geht. Eine viel belachte Laube aus künstlichen Blättern umrankte und beschirmte das Plüschsofa, auf welchem Frau Lautenschlag Platz genommen hatte. Otto, Gervaise und Mathias wechselten Blicke und schwiegen. Die Zeit verging. Der stets ungeduldige Herr Lautenschlag stimmte seinen Knittelvers an und gedachte arglos etwas Leben in die frostige Atmosphäre zu bringen:

>»Es ist gewiß, es ist gewiß.
Nous sommes in*vit*és pour le dix.«

Tante Lina sah darin eine Verhöhnung ihres feierlichen Diners und brach in bittere Vorwürfe aus. In gedrückter Stimmung wurde zu Tisch geschritten. Bald nach diesem denkwürdigen und lang vorbereite-

ten Tag erkrankte der brave und gedrückte Gymnasiallehrer. Ganz plötzlich wurde Herr Lautenschlag an
sein Bett gerufen, das schon ein Sterbebett war; ein
Sterbender, der ihm nichts mehr zu sagen hatte,
schwarzen Gesichtes und bewußtlos. Herr Lautenschlag umarmte die schluchzende Lina, er sah sich
nach den Kindern um; sie zeigten sich nicht. Und wie
blaß, wie angegriffen kehrte Herr Lautenschlag vom
Begräbnis zu den Seinigen zurück! Er hatte eine kurze
Unterredung mit seiner Gattin, dann schloß er sich
ein.
Die Krankheit, die in wenigen Tagen den Gymnasiallehrer dahinraffte, waren die schwarzen Blattern gewesen. Zu spät erkannt, hatte eine Überführung ins
Krankenhaus nicht mehr stattfinden können, weil der
Kranke in Agonie fiel. Herr Lautenschlag erfuhr dies
alles auf dem Friedhof. Man war erstaunt, daß er es
nicht wußte. Nicht vorsätzlich, sondern blindlings
hatte Tante Lina gehandelt. Sie hatte nicht gedacht:
soll ein solches Unheil über mich hereinbrechen, während sich Lautenschlags in ihrem unrechtmäßigen
Glanze sonnten? Sie brauchte nicht zu denken; um
eine so tückische Tat zu begehen, brauchte sie nur
ihrer Natur zu folgen. Und so geschah es, daß sie den
Bruder berief und ihn ungewarnt, ohne Vorsichts-
maßregeln, an dem verseuchten Lager verweilen ließ,
während die Kinder längst fortgeschafft worden
waren.
»Ne dérangez pas votre père«, sagte Frau Lautenschlag. Aber sie zitterte vor Entrüstung. Sie zitterte
für ihren Gatten, und die Sorge um die Zukunft ihrer

Töchter, die sie gegen Morgengrauen oft beschlich, hatte mit einem Male eine recht greifbare Grundlage erhalten. Die Kinder zitterten für ihren Vater. Es genügte ja, ihn fortzudenken, um nur mehr seiner herzgewinnenden Eigenschaften und keines einzigen seiner Fehler bewußt zu sein. Aber Tante Lina hatte ohne sein Glück gerechnet. Er blieb gesund wie ein Fisch, mobil wie ein Vogel. Sie hatte auch ohne Frau Lautenschlags epistoläres Talent gerechnet, die noch in selber Nacht einen formvollendeten Brief an sie richtete, der zugleich so deutlich war, daß sogar Tante Lina ihn zu lesen verstand und sich nie mehr bei Lautenschlags zu zeigen wagte.

Der zum Vormund ernannte Herr Lautenschlag indes nahm sich getreulich ihrer Kinder an.

Abschied von Herrn Lautenschlag

Herr Lautenschlag führte ein Doppelleben, wir können es nicht länger verschweigen. Nicht in der Art, wie der Leser meinen könnte. Nein. Sondern er verdient weit mehr, als er irgend jemandem eingesteht, und die Geheimfonds dieses rechtschaffenen Mannes haben sehr geheime Hintergründe. Die Gärten, die er anlegt, sind eine Hauptquelle seiner Einnahmen und seiner Ausgaben zugleich. Leider ist es noch nie vorgekommen, daß einer seiner Kostenvoranschläge mit dem Kosten*punkt*, wie dieser sich zum Schlusse herausstellte, auch nur annähernd übereinstimmte. Den dringenden Mahnungen seiner Auftraggeber stellte er

anfangs stets denselben freudigen Optimismus entgegen, sah er doch nur seinen Garten! Eben deshalb ließ
er sich nachträglich zu unvorhergesehenen Verschö-
nerungen, Terrainerhebungen, Korrekturen seiner
Pläne und Zutaten unweigerlich hinreißen. Proteste
halfen dann nichts; Vorwürfe nahm er nicht an: der
Garten zuerst! Lieber noch den Schaden selber tragen.
Das ist leichter gesagt als getan. Und so hat sich teils
eine rückhaltlose Verschwendungsader, teils, wie um
sie zu kompensieren, ein vor Angst emportreibender
Geiz in ihm ausgebildet. Verwirrte er sich in seinen
Rechnungen, gerieten seine Bücher in Unordnung, so
kam seine Ungeduld hinzu: Ungeduld, so hieß das
Gesetz, nach dem er angetreten war. Ungeduld, am
selben Ort länger als nötig zu bleiben, nirgends zu
halten, schon wieder weg, ehe man sich dessen versah.
Ungeduld, für eine Familie sorgen zu müssen und auf
immer sich an sie gekettet zu fühlen. Zwar zeigte er
sich gerne mit Hespera oder, wenn sie fehlte, neuerdings auch mit Gervaise, wohl begleitete er an Winterabenden hin und wieder Madame Lautenschlag in
Gesellschaft, und sie bildeten ein gar schönschulteri-
ges Paar, an welches das Zwingersche nicht heran-
kam. Doch mit Vorliebe pflog er seinen eigenen
Verkehr und ging seine eigenen Wege, hielt sich von
all den Leuten, die in sein Haus kamen, sehr zurück,
auch den Franzosen gegenüber, für die es nach und
nach Tradition wurde, hier zu verkehren. Von den
französischen Geschäftsträgern, die einander in München ablösten, war er nur zu einem einzigen, der ohne
Frau lebte, in näheren Kontakt getreten. Zu ihm ging

er manchmal frühstücken, aber dann ganz allein, und ausgerechnet ihm, unter allen, schüttete er sein partikularistisches Herz aus und brachte vertraulich seinen Kummer vor: wieviel schöner alles gewesen sei im Bayernland, bevor es unter den protestantischen Stiefel geriet. »Ah mon pauvre ami«, sympathisierte der andere. – »Ils ne nous porteront pas bonheur«, prophezeite Herr Lautenschlag. – »Ce bon Lautenschlag.« Was konnte der andere viel sagen? Aber Herr Lautenschlag kehrte, von dem Hochgefühl getragen, ad majorem gloriam Bavariae ein ausgemachter Verschwörer zu sein, nach Hause zurück.

Da war auch Frau James, eine jüdische Dame, weit gereist und von hoher Bildung, der seine ganze Anhänglichkeit gehörte. Den Hof ihres Stadthauses, in dem lediglich einige Bäume standen, hatte er für sie in einen Garten umgestaltet. Die hohe, von Efeu umrankte Brandmauer des Nebenhauses wirkte jetzt als Hintergrund wie ein grüner Fels. Zwischen alten Ulmen und Linden verlor sich ein Weg in geträumte Fernen. Tiefer unten Beete, Rasenflächen, neue Perspektiven: ein Meisterwerk in der Beschränkung war ihm da geglückt, eine einzige wundervolle Vorspiegelung von Weiten, die, rein ideell, nur in der Wirkung lagen. Eine besondere Vorliebe zog den Schöpfer des Gartens selber des öfteren hin, daß er ›nachsah‹, um ihn zu sehen. Zärtlich liebte ihn auch die Besitzerin. Allein nicht zweimal, mehr als dreimal so hoch war er ihr zu stehen gekommen, als Lautenschlag ihr versichert hatte. Eines Tages, da sie Ziffern und Zahlen mit ihm durchsprach, bemerkte sie mit Staunen, daß er sich verwirrte wie einer, der ertappt wird und vor Aufregung in ein gleichsam greisenhaftes Zittern verfiel. Da reagierte ihr jüdischer Gerechtigkeitssinn, so daß sie ihre Schlüsse zog und den Mann durchschaute. Ja, er war teuer. Man hatte sie nicht umsonst gewarnt. Aber nicht nur nach der Höhe ihrer Gesamtspesen wertete sie den Scheck, den sie ihm ausstellte, auf, sondern sie schlug auch ihre nimmermüde Freude an den heimlichen Reizen dieses Gartens hinzu. Herr Lautenschlag vergaß ihr das nie.

Oft saßen die beiden im Freien. Der Teetisch zog auf Rädern einher. Silber und Kristall funkelten im Grün, es kochte und verdampfte das singende Wasser im Schatten. Auch durch ein Frühlingsgewitter, wie es heute zum ersten Male niederging, ließen sie sich nicht vertreiben; das breite Zeltdach war rasch gespannt, und nicht lange, so regten sich die Vögel wieder im Laube und in den steilen Nestern des Efeufelsens, die Blumen flammten im Kreise, und es war ein Konzertieren ihrer Düfte mit den Düften einer erquickten und kostbaren Erde. Herr Lautenschlag zeigte sich von der Schönheit eines alten Kännchens entzückt, das er vom Tablett hob. In den Räumen der Frau James, in welchen es noch ganz andere Schätze gab, hätte dieser Träumer es nie bemerkt. War er doch zimmerblind! Die Liebe der Frau James zu seinen Töchtern aber war es, wodurch sie sein Herz gefangennahm, fürchtete er doch immer wieder, daß sie mit ihrem eigenwilligen Auftreten und ihren Ansprüchen nicht bestehen würden. Denn seiner Sorge um sie war er nicht gewachsen und unfähig, Vorteile für die Seinen zu erzielen, er, der unausgesetzt anderen half, dessen Sport es geradezu war, jungen Leuten eine Laufbahn zu schaffen, auch wenn es tief in der Türkei oder den Gärten eines Khediven sein mußte. Überall in der Welt standen Schützlinge von ihm. Aber ließ er je eine Protektion für die Seinen spielen? Seine Scheu war unüberwindlich, und auch jene neckende Ader trieb ihn an, die wir schon erwähnten. Die zwei jüngsten Damen mußten unweigerlich dritte Klasse fahren, wenn er sie zu einem Ausflug mitnahm, und aufgebracht sah Mathias die täglich schönere, wie eine Wunderrose blühende Gervaise in solcher Umgebung.

Keinen größeren Wunsch hegte dabei der störrische Lautenschlag, als den Aufstieg und Triumph der Mädchen. Aber keineswegs anmaßend seien sie, beteuerte Frau James jedesmal, sondern viel, viel zu bescheiden, und Nektar reichte sie ihm, der von sich aus nie über seine Familie sprach. »Der reine Türke«, ließ eines Abends Mathias unüberlegterweise fallen. – »Du bist hier nur toleriert«, gab er zurück. Gewiß ein erstaunliches Wort. Aufblickend, war sie da von dem grauen Stahl der Augen Hesperas getroffen worden, so, daß sie, von ihnen gehalten, im Sessel zurücklehnend: »Bist halt ein schlechter Vater« lächelnd und mit Grazie hinwarf. Herr Lautenschlag war es, der kurz darauf, ohne ein Wort, das Zimmer verließ.

Doch einige Tage später – sagten wir nicht, daß Hespera von einem jungen Ehepaar nach Meran entführt worden sei? – und wir werden von dieser Reise noch reden – hatte jenes Wort sich doch einen Weg in

Mathias gefressen. Siegreich zwar, als patentierte Radfahrerin, war sie von ihrer Prüfung heimgekehrt, und ihre Kolleginnen, die mit ihr lernten, hatten dann gleich – denn wozu lernte man Radfahren, nicht wahr –, ein Rad erworben. Wie aber stand es ihrerseits mit einer Anwartschaft auf eine so köstliche Maschine? Weder zu einem Rade noch zu sonst etwas würde sie es bringen. Hier wie überall war sie nur toleriert. Und dabei besaß sie doch ein Mäntelchen, mit Rüschen reich verziert, ein seidenes Mantillchen von einem Mäntelchen, Frau James hatte es eigens für sie aus Paris mitgebracht. In diesem Mantillchen, zu Sportzwecken denkbar ungeeignet – aber was kümmerte dies Mathias? –, hatte sie, ewig vorgreifend, sich schon zu Rade gesehen und wie es, nur leicht umgebunden, von ihren Achseln flog, während sie fuhr. Hatte nicht Frau James von ihr gesagt, ja Frau James hatte von ihr gesagt, daß die Zeichnung ihrer Schultern Ähnlichkeit mit den Schultern Hesperas hatte, das hatte Frau James von ihr gesagt. Andere Ähnlichkeiten hätten sich da von selbst ergeben, wäre ein Rad zu diesem Zaubermäntelchen hinzugekommen, das am gefälligen Bande hinter ihr herflattern sollte, während sie auf dem schwebenden Sitz vorbeiflog. Hespera würde ihre Verzweiflung begreifen. Warum war Hespera so weit? Warum kam sie noch immer nicht zurück? Weil ihr eben alles zum Tort geschah. – Die tragische Miene, mit welcher sie bei Tisch erschien, ließ ihre Mutter sehr kühl. Mit keinem Laut würde sie sich für die Erfüllung so halsbrecherischer Wünsche einsetzen, sie dankte Gott, daß hierfür die Mittel fehlten. Doch das Glück wollte, daß Herr Lautenschlag an diesem Tage den Tee bei Frau James genommen hatte, wobei sie die üblichen Salven auf seine Töchter abgab und seinen Einwand: »Aber der Mathias ist frech«, ganz und gar zurückwies. Oder was war es sonst? Was sonst vermochte den sonderbaren Mann, daß er gegen Ende der Mahlzeit mit einer Scheibe Brot ans Fenster trat, eine Weile dort stehenblieb, als sähe er hinaus, und sich dann wieder an den Tisch setzte, die Schnitte in der Hand, in der nunmehr wohl verstreut fünfzehn Goldstücke staken. Fünfzehn Goldstücke, die er ohne ein Wort Mathias hinschob! »Besten Dank«, sagte sie starr. Zwar traute sie ihren Augen nicht, denn es waren dreihundert Mark. Einmal hinausgegebene Summen aber, große oder winzige, bedachte Herr Lautenschlag nicht mehr, sie hatten aufgehört zu existieren. Es machte ihn ungeduldig, es war ihm lästig, an etwas, das nicht existierte, erinnert zu werden. In Wahrheit fehlte ihm die zureichende Beziehung zum Gelde, zur Gegenständlichkeit überhaupt. So schwiegen jetzt alle in der Runde und wußten dabei alle, daß ein solches Vorkommnis sich nicht wiederholen würde, daß es keinen Riß in der Kette bedeutete, daß nächstes Mal, ob es um zehn Pfennige ging oder um eine Mark, derselbe Tanz, dasselbe Theater sein würde, ehe er sie hergab.

Seht ihn euch an. Betrachtet ihn wohl. Noch liegt Finsternis über Plätzen und Anlagen, und über der Isar, wohin sie auch fließt, und über dem ganzen Erdteil. Und wenn es Winter ist, sieht der nahende Tag nicht anders aus als verdichtete Nacht. Im Fasching wird ihre Stille hin und wieder vom Gejohle der Heimkehrenden unterbrochen, von Angeheiterten, von Kostümierten, von Wüstlingen auch; sie ziehen zu Fuß oder zu Wagen an Herrn Lautenschlag vorbei, dessen Lust darin besteht, Gassen, die noch schlummern, zu begehen: Mann des Morgens, Mann der ersten Dämmerungen. Hoch an den Mauern, durch die schmalen Spalten, fangen jetzt bescheidene Lichter zu scheinen an, dort, wo eine Magd oder ein Diener sich erheben, während der Mann der Frühe, dem Reiz, der Sensation, der Leere hingegeben, unten wandelt . . . Bevor er auszog, hat er vielleicht zur Gervaise oder zu Mathias hineingerufen: »Kommst mit?«, und mag sein, daß die eine oder andere sich eilig fertig machte, ihn zu begleiten. Aber er mag im Hause nicht warten und steht schon im Freien. Sie wenden sich dem Karlsplatz zu, es hallen Schritte unter dem Tore oder versinken im Schnee. Gewährt auch dieses ihm Freude? Alles, was um den Anbruch des Morgens herum sich ereignet, läßt ihn erzittern: der Kerzenschimmer im Schiff der Kirche, der um diese Zeit den Altar umsilbert und so köstlich trübe bis zu seinen Stufen träumt. Ist es der Hauch der ersten Nebel? In einer Vormittagsmesse wird Herr Lautenschlag selten gesichtet. Er weiß um ihre Stunde. Er ist ein Kenner. Mag sein, wenn er wieder ins Freie tritt, daß sich das Dunkel noch nicht hebt, daß schon Helle oder Dämmerung herrscht. Türme und Dächer der Stadt halten aber sein Herz nicht auf. Dessen Anteil ist jetzt die Natur, es sind die Morgenschatten, das Streichen des Windes im Geäst. Seht,

wie er um sich blickt, als nähme er Waldeswege,
Felsen, wehende Halme vorweg. Wir sagten schon,
daß sein Zimmer nach Westen geht, dort, wo die
Allee hinzieht, die zuletzt mit einem Bogen verläuft,
und wo die Himmelsbrände zu sehen sind, daß alle
Scheiben des Glaspalastes erglühen, der den Flammen
geweiht ist. Aber noch lange nicht.

Gar oft starrt Frau Lautenschlag, an ihrem Fenster
stehend, in die wild aufgerichteten Wolken, aber Herr
Lautenschlag ist nicht zu Hause. Wo ist er? Seht ihn
als den Mann des anbrechenden Tages, der jeden
Morgen seine Seele gewinnt. Wie froh drückt er nun
den Arm der ihn begleitenden Tochter, und wenn es
nur der Mathias wäre. Sie betreten ein Café, um zu
frühstücken. Sein Zuhause hat er abgestreift . . . Aber
Minna, die Kellnerin, sieht ihn lieber allein kommen,
er gibt viel kleinere Trinkgelder, wenn eins von den
Fräulein dabei ist . . . Er kann es nicht lassen. So hat
ihn der Turnus der Dinge wieder, der täglich sein
wahres Wesen verebben läßt. Es ist keines, das ›mit
seinem Engel ringt‹, bewahre, sondern Launen, Stimmungen und Eindrücken sehr buchstäblich unterwor-
fen. Mit dem sich vertiefenden Tag pflegen seine
Geister zu sinken. Alles Interesse haben seine Gärten,
sein Alpinum, Sitzungen des Landwirtschaftlichen
Vereins, Reisen, Eröffnungen von Blumenausstellun-
gen, die Politik.

Seine Tagebücher, kleine mit Wachstuch überzogene
Hefte, Zeugen der Einfalt seines Herzens, sind sich
alle konform. ›Brüssel. Exposition Horticole. Tulpen
bestellt. Kiew. Die Rhododendren. Paris. Sechs Uhr.

Notre Dame des Victoires. In der Ausstellung. Rosen.‹ Folgen einige Namen. ›Gott schütze das schöne Bayernland. Algier vier Uhr. Redemptoristen. Diner Horticole. Ich sehe sehr schwarz in die Zukunft. Prachtvolles Wetter.‹ Zwischendrin eine ganz pessimistische Seite über Bayern: ›1870 war nicht nötig. Wir verdanken es den Pr. Immer fester an sie gekettet. Leider.‹ – ›Zum fünfundzwanzigsten Male im schönen Wien. Nicht so viele Pr. wie in Bayern. Heute früh um ein Haar verunglückt. Was wird aus meinen Kindern, wenn ich sterbe.‹ Schwarzau, Schönbrunn mit den Maßen ihrer Buchswände. Die Aufzeichnungen in Sofia, Stockholm und Petersburg sind nicht minder lakonisch. Dann steht wieder einmal: ›Schlaflose Nacht; ich sehe sehr schwarz.‹ In Dahlem werden die Azaleen aufs genaueste vermerkt. ›Noch immer kein Brief von Valérie.‹ (Er selbst schrieb jeden Tag heim.) ›Die Pr . . . très aimables, aber wir passen nicht zueinander.‹ Wirklich sorglos fühlte er sich nur unterwegs. Von allerlei Ehrungen gehoben und abgelenkt, wünschte er dann auch seine Familie nicht anders, als sie in Gottes Namen war. Mit Geschenken beladen, geschmackvollen Kleiderstoffen, für die Töchter, kehrte er heim. Erst die Nähe beängstigte ihn wieder.

Verdrießlich war gewiß auch das manchmal erstaunliche Ungeschick, das Frau Lautenschlag ihm gegenüber an den Tag legte. So war er einmal in freundlichster Haltung bei einer ihrer Gastereien erschienen, er, der abends nicht zu essen pflegte. Wohlgelaunt, wenn auch unbeteiligt, sah er die Pastetchen, ein Filet garni.

Nur von der Schokoladencreme, die Gervaise ange-
rührt hatte, gedachte er zu nehmen. Mußte da, wenn
doch alles dem Ende zu ging und er nun einmal nicht
gern lange bei Tische saß, mußte da, auf Anordnung
der Hausfrau, »parce qu'il faut un légume«, ein Mon-
ster-Karfiol – an sich ein häßliches Gemüse – einge-
schaltet werden. »C'est trop, Valérie«, sagte Herr
Lautenschlag, der gern endlich die Crème gesehen
hätte. »C'est trop!« wiederholte er und wandte sich
verstimmt von der Platte ab. Hespera lachte, alle
Kinder lachten, die Gäste stimmten bei, unberührt
wurde der Kohlkopf wieder hinausgetragen, die Köchin schimpfte. Das Essen verlief noch als eines der
lustigsten, die hier stattfanden, dank Hespera, die jede
Situation rettete. Aber es ging nicht immer so.
Gewiß war auch Herr Lautenschlag unausstehlich mit
seiner Manie, Lampen zu löschen, sowie er eine brennen sah, auch wenn das Zimmer nur einen Augenblick verlassen wurde, etwa um einen Besuch hinaus-
zubegleiten. Manch kostbare Vase war auf diese
Weise in Scherben gegangen, Tassen und Teller, mancher Kopf stieß in dem plötzlichen und unerwarteten
Dunkel gegen eine offen geglaubte Tür, durch welche
Herr Lautenschlag, nachdem er dem Genius der Spar-
samkeit auf seine Weise schnell gehuldigt hatte, enteilt
war. Klagerufe klangen in Gelächter über, das bis zu
Herrn Lautenschlag hinüberdrang und ihn ansteckte.
Er selbst aber, wenn er endlich, von seinen Töchtern
beraten, den neuen und kleidsamen und so nötigen
Hut erstanden hatte, kam oft genug mit einem abge-
schabten, den er im Café mit dem seinen verwechselt

hatte, selben Abends nach Hause. Nein, es war kein Ernst, und vor dem Genius des Geldes konnte diese Familie nicht bestehen.

Allein es weben in der Welt auch andere Mächte. Herrn Lautenschlags Tage sind noch nicht gezählt, von allen seinen Wegen wird er heil nach Hause kehren, keine Krankheit wird sich über ihn werfen, kein Altersleiden wird ihn anfechten. Doch ach, es gibt Dinge genug. Erfinderisch an Leiden werden auch seine Geschicke sich zeigen. Seine Freuden werden schwinden. Die Sonnen seines Hauses werden verlöschen oder für ihn untergehen. Das Licht in seinem Hause wird nicht mehr ausreichen, um die Schatten zu bannen, die in den Spalten und Ritzen sich sammeln. Wer immer es noch bewohnt, wird ihr Überhandnehmen spüren, Flüche werden ihn treffen, Gespensterhände wird er gegen sich gerichtet fühlen. Die Bestimmungen der Häuser wie der Familien sind unerforschlich.

Zu einem einzigen Punkt gerinnt ein Leben am Tage, an dem es schließt. Ist es, weil der Tod so unablässig seine Runde unter uns geht, daß über nichts so viele Banalitäten gesagt werden wie über ihn? Ob wir ihn gnädig oder grausam, Feind oder Freund, Bruder des Schlafes, Sensenmann oder Gevatter heißen, noch ist jedenfalls die Nacht, die uns alle verschlingt, um keinen Hahnentritt vorgeschritten, und wenn es schien, als wollte an irgendeinem Punkte ihr Dunkel weichen, war es nur, um wieder desto allumfassender sich zu schließen.

Ihr Dunkel?

Welche Fackel aber leuchtet uns greller ins Gesicht als die unserer Todesstunde? Da liegt einer: – noch eben schlug sein Herz, und nun riß ein Blitzschlag die Maske in Fetzen, die ihm das Leben so erstickend nahe vorhielt, daß er seine eigenen Züge nicht erkennen durfte. Und nun ist verborgenster Wert oder Unwert, Größe oder Geringfügigkeit seines Lebens kund durch sein Gestorbensein; ja, wie sonst soll man es nennen? – Unvermutet können die Linien einer ganzen Bergeskette sich blauer ziehen und vertiefen, weil einer ging, als füge sein Entschwinden ihnen etwas zu, und andere sind, noch ehe man sie hinaustrug, lebendig schon nicht mehr vorstellbar. Nein, mag ein Wissen um den Tod nicht für uns sein, unseres Wissens um seine Wirkungen ist genug!

Elastisch war der Gang Herrn Lautenschlags geblieben, ob auch die Jahre sich für ihn häuften. Und welch seltsame, gebieterische Ruhe ging von dem immer in Bewegung begriffenen Mann der Frühe aus, kaum war sein letzter Atemzug getan? Welcher Bannkreis der Ruhe zieht sich um seinen Sarg? Weil der beharrende Pol in ihm das reine Gemüt, die Friedfertigkeit war? »Friede« war sein letztes Wort, »Ist Friede?« seine letzte Frage, derweil der Krieg noch wüstete. Mann ohne Laster? Mann ohne Harm? Was noch? Erstens und letztens der Vater Hesperas.

In der Zeit der langen Nächte hatten sie ihn in seinem Zimmer aufgebahrt. Schon war die Sonne hinter dem weit sich lagernden Palast hinabgesunken, in dessen Glas sich ihre Gluten trübten. Ihr Widerschein spielte

68

durch die hohen, von keinen Vorhängen behangenen Fenster ungehindert zu dem einst so beweglichen Mann der Frühe hin, der voll majestätischer Ruhe in seinem Sarge lag.

Sonderbar bemüht war indes Frau Lautenschlag, die sich erschöpft zurückgezogen hatte, auf alle Fehler und Mängel ihres Gatten, welche das Zusammensein mit ihm erschwerten, sich zu besinnen, sich geradezu, vielleicht um seinen Verlust leichter zu tragen, daran zu klammern und mußte erfahren, daß es ihr nicht gelang, weil sie seine Wesenheit nicht berührten: sie existierten nicht mehr. Weg. Getilgt. Diese Stunde enthüllte die Zusammengehörigkeit ultra vitae des scheinbar ungereimten Paares. Mehr noch: sie entschied über Frau Lautenschlags Todesbereitschaft und beschleunigte, ja überstürzte ihren eigenen Hingang. Noch sind beide am Leben. Wir griffen um Dezennien vor.

Des öfteren noch werden die Zeiten in diesem Buche in ›Unordnung‹ geraten.

So teilen sich auch, indem sie fließen, die Wasser und schließen sich wieder.

Das Mustergut

Hespera schrieb zwar regelmäßig und der Reihe nach an ihre Geschwister, allein der Hinweis auf ein vor ihrer Abreise abgekartetes Telegramm: ›Zimmerbrand, komme sofort‹, fehlte nach wie vor. Wegen des Zimmerbrandes brauchte man sie ja nicht, er hatte sich ereignet, als sie noch zugegen war. Eine Lampe war so glücklich umgefallen, daß sie sowohl in die Tischdecke wie in den Teppich ein Loch sengte, die Seide eines Stuhles schwärzte und selber zerbrach. Die Feuerversicherung wurde in Kenntnis gesetzt, und wirklich erschien ein Vertreter, sich die Schäden zu besehen. Die Kinder verhandelten mit ihm hinter geschlossenen Türen. Hesperas Sachen waren es doch, welche gelitten hatten. Stand sie selber unbeweglich in leidender Anmut, wie in einer Nische, da, so erwachte Gervaise aus ihrer Lethargie zu einer ungewöhnlichen schauspielerischen Leistung, und ihre Einfälle überschlugen sich. Der gänzlich geblendete Mann setzte eine so reichliche Summe an, daß Mathias hinausstürzte, um Tokaier und Zigaretten zu holen, und die ›Partien Casse‹ hatte eine sehr erfreuliche Ergänzung erfahren.

Mit ungewöhnlichem Glanze zog der Mai heuer ins Land. Die Zwingerschen Damen hatten schon ihren Landsitz bei Schäftlarn bezogen, Professor Dr. von Zwinger wohnte fortan allein in der Stadt.

Grünstraßen war ein altes Jagdschloß, das er zu einem Familienhaus umgestaltet und zu einem Mustergut erweitert hatte. Von drei Seiten umgaben es die Wälder der Isar, nach Süden lag es frei mit dem Blick auf die fernen Berge, die um Tölz und Tegernsee ihre melodischen Linien ziehen. Nicht schöner, nicht glücklicher hätte es stehen können. Die vielen Zimmer, die es enthielt, waren sehr einfach möbliert, ihre Schmucklosigkeit aber, die in München etwas so Liebloses hatte, hier war sie ein Reiz mehr. Von den

Ökonomiegebäuden, die sich langgestreckt und nieder dem Bau anschlossen und einen weiten Hof umschrieben, steigt der Duft des selbstgebackenen Brotes. Rechts liegt der Garten, eine Mauer nur scheidet ihn von den Wäldern. Der Platz vor dem Hause führt unmittelbar zu ihnen über. Brauerei und Ziegelfabrik sind dem Blicke entzogen, aber Rollwagen bedienen sie, die auf eigenen Geleisen die sanft abwärts fallenden Felder entlang zur entlegenen Station fahren: ein Mustergut ist hier fürwahr, prächtig instand, und Professor Dr. von Zwinger sieht nach dem Rechten. Nicht Traum, sondern Wirklichkeit hat er geschaffen, schöne, aufrechte, bejahenswürdige Wirklichkeit. Weder livrierte Diener noch neckische Zöfchen auf diesem Plan. Der Kutscher versieht seinen Dienst in der Stadt; aber Leute und Arbeit genug in der Ökonomie, und Pferde und Wagen genug in den Stallungen. Schon wimmeln die Wiesen von Blumen, und die Bienen sammeln im Garten. Er ist wild. Nicht, daß es an Beeten fehlt, Aurikeln und Balsaminen kommen an die Reihe, sind erst die Tulpen verweht. Aber Salat, Erbsen und Bohnen vornean! Jetzt schwelgt der Weißdorn, und es keimt der Flieder, aber wartet, bis Himbeeren und Johannisbeeren reifen und zuletzt der Hauch der Brombeeren zu den offenen Fenstern steigt. Ob der Springbrunnen nachts noch so beschaulich plätschert, tagsüber wird er nutzbar gemacht, Schläuche liegen seinem Rande an; es ist ein betäubendes Allerlei von Stimmungen, stockenden Herzens erhascht, schnell verloren, in diesem kunstlosen, in seiner eigenen Lust und Fülle verstrickten Irrgarten.

71

Und welch ein Waldesrufen ständig zu ihm hin! Denn weit und breit ist er den Vögeln bekannt.

Als Eß- und Wohnzimmer dient der große ehemalige Rittersaal, der von einer Front zur anderen den Bau durchquert. Hier ist für alles Raum. Er ist ein Lager. Die stattlichen Geweihe an den Wänden sind Nebensache. Runde Tische in den Ecken, nicht nur der große mächtige in der Mitte, und Sofas und der Liegestuhl der hehren Hedwig und ihre Kataplasmen, Arbeitskörbchen, Nähschatullen, Bücher, Schreibhefte, eine Häkelei; die bekannten Rohrstühle hier und dort, auf dem Büfett Teegeschirr und Eßwaren stets zur Hand. Ein Riesenfenster, nach Süden, sieht auf das ferne Gebirge, das andere ist schon von den Schatten des Waldes berührt.

Und hier sehen wir eines Morgens Gervaise und Mathias; sie sind einer Einladung gefolgt, den ganzen Tag in Grünstraßen zu verbringen. Und wer hat da nach dem Essen vier Pferde vor das Char-à-banc gespannt? Gleich vier! Wahrhaftig, es ist der halbwüchsige Tobby. Wie aus einem antiken Fries gehoben, so zügelt er sie und treibt sie an. Nie werden Gervaise noch Mathias das wundervolle Bild vergessen. Er fährt seine großen Schwestern und die Lautenschlagschen Mädchen auf steinigen Straßen durch die Wälder. Stundenlang. Glatt liegt das schwarze Haar den blassen Knabenzügen an. Er allein hat die lapislazulifarbenen, etwas lahmen Augen der ihn vergötternden Mutter. Und Leidenschaft feuchtet jetzt seinen Blick, wie von einem Sturm scheint er gefaßt, weil eines der vier Pferde sich sträubt, weiterzulaufen.

Er wirft die Zügel Candida zu, springt ab und bereitet und drillt das widerspenstige Tier, bis es gefügig ist. Dann spannt er es wieder ein. Die Fahrt geht weiter. Nie sieht man jemanden des Weges kommen. Einsam auch leuchtet bald an dieser Biegung, bald an jener Lichtung, aus tiefen Gründen die Isar, dieser herrliche Fluß. O die Tage sind jetzt lang.

Früh jedoch wird bei Zwingers zu Abend gegessen, und hier gilt keine Ausnahme. Der Wagen hält im Hofe, ein Knecht ist vorgetreten. Tobby zieht sein Taschentuch, fährt sich über die Stirne und tritt ins Haus. Jeder Zoll eine Herrennatur, weiß er von sich nur als trägem Gymnasiasten, dem angst ist vor dem Abitur. Übrigens wird kein Wort des Lobes dem jungen Rosselenker zuteil. Hochmut oder Bescheidenheit? Durfte man sich über die erstaunliche Leistung des Knaben verwundern? Schon einmal hatte Hedwig, die nicht umhin konnte, von oben herab zu sein, in ihrer Art dem Mathias bedeutet, daß Komplimente bei den von Zwingers nicht Sitte seien. Als jedoch Frau von Zwinger fragte, wie die Spazierfahrt gewesen sei, vergaß sich Mathias in einer enthusiastischen Schilderung Tobbys, welche die Mutter schweigend, aber mit einem verschmitzten Lächeln quittierte, denn tonangebend war hier die etwas starre Hedwig.

Wer aber schritt da, in Begleitung Victorys, auf dem Fußweg, zwischen den Feldern, dem Hause zu? Es war der Professor Doktor Von. Mit seinem Auftreten, denn das Wort ›erscheinen‹ wäre nie zureichend gewesen, wo er in Frage kam, nahm die Gemütlichkeit dieses zauberischen Tages ein Ende. Auch in einem Rittersaal verdrängte er einfach zu viel Raum. Er wirkte als Riese mehr seines breiten Gesichtes als seiner Größe wegen.

Pünktlich mit dem zweiten Gongschlag sind alle versammelt. Man geht zu Tische, und das Essen beginnt. Daß die Maße der Frikadellen, der Salatblätter, der Eierkuchen wie die der Kompottschalen und der Bouillontassen dem besonderen Maß des Hausherrn entsprechen, ist nur ziemlich. Dort sitzt er am obersten Tischende und tranchiert nicht nur den Braten. Mit gleicher Hand, wenn man so sagen darf, säbelt er an den Zeitfragen, den Ereignissen, den Personalien und der hohen Politik. Was letztere anging, so war ja ein Kanzler dafür da. Dieser jeweilige Kanzler würde es schon recht machen. Wäre er sonst zum Kanzler berufen worden? Nicht mal jeder gelernte Schneider noch Schuster gilt zwar ohne weiteres für bewährt, und dabei ist Politik weder Hose noch Schuh. Allein der Professor gehörte zu jenen autoritätsfreudigen Deutschen, die Berlin als den Sitz staatsmännischer Weisheit, staatsmännischen Weitblicks und staatsmännischen Taktes erachteten und der jeweils dort amtierenden Person ein durch nichts als durch ihren etwaigen Sturz zu erschütterndes Vertrauen entgegenbrachten. Und so wirkte der rechtschaffene, aber ahnungslose Mann mit an dem Webstuhl der unendlichen Leiden, die sich bereiteten. Nach seinem Dafürhalten konnte das Völkchen, bei dem sich so gut leben ließ, gar nichts Besseres tun, als sich blindlings der weisen Führung Berlins zu überlassen. Vorwärts, mit

Gott, Luther und Vaterland. – Dies alles sagte er nicht
mit ebensoviel Worten, doch ging es aus seinem
überheblichen Ton unmißverständlich hervor. »Und
wenn sie oben was Dummes tun?« rief Mathias aus.
Sie war blutrot geworden. – »Das entzieht sich deiner
Beurteilung«, sagte der Professor vernichtend.
Ein Auflachen aus Candidas Kindermund erstarb da
sofort. Frau von Zwinger, gänzlich vorurteilslos, jede
Diskussion begrüßend, ließ es angesichts der erzürn-
ten Miene ihres Mannes lieber sein. Gertruds Augen,
diese Augen eines Schlachtopfers, richteten sich groß,
forschend, wenn auch ein wenig blöde, auf den Vater.
Victory und Tobby, in einem Gespräch über Pferde
begriffen, hatten nicht aufgepaßt, und Gervaise, die
Lider gesenkt, wußte schon, wie sie daheim, zum
Gaudium der Ihren, den Auftritt mimen würde. Die
Stimmgabe des Professors gehörte sowieso zu ihren
besten Talentproben. Nur gut übrigens, daß er für
seine Trefflichkeiten, die wir schon erörterten, auf das
Agrément des Mathias nicht angewiesen war. Denn
Mathias konnte ihn nun einmal nicht leiden. Um sich
schadlos zu halten, erfand sie immer neue Spitznamen
für ihn, und Herr Lautenschlag, statt sie ihr zu verwei-
sen, nahm den des ›Käslaib‹ selber in Gebrauch. In der
Tat war sein Gesicht von dem weitausladenden Umkreis jener großen Käse, die in den bayrischen Almen
hängen. Käslaib, dachte Mathias, von Rachsucht
überkommen. Der schöne Tag war ihr verdorben
durch die Politik. »Nein, vielen Dank«, sagte sie mit
einer höflichen Verbeugung, als Frau von Zwinger in
sie drang, von den Erdbeeren zu essen, auf welche sie

sich die ganze Zeit gefreut hatte. Nur durch einen besonderen Glücksfall kamen Lautenschlags in Kontakt mit so kostbaren Früchten, noch dazu so früh im Jahr und in solchen Mengen. Groß, prall, ihrer Stiele ledig, stiegen sie zur purpurnen Pyramide an. Aber sollte der Käslaib sie nur alle selbst essen, alle, ja, bis auf die letzte. »Nein, danke«, sagte sie wieder, als ihr noch einmal angeboten wurde. Gervaise hatte es schwer. Ihre Lider blieben gesenkt.

Über dem Irrgarten, der so unmittelbar an der östlichen Mauer des Hauses anhob, war der Vollmond aufgegangen. Endlich hatte der Springbrunnen seine Ruh'! Immer gleich, immer anders, bald nah, bald weiter, bald laut, bald wieder leiser, entfiel sein Strahl. Und strich da nicht der forsche Kater der Ökonomie auf Schlarunda, Edelkätzin von Grünstraßen, zu, die schon so lange auf ihn wartete? Mit verführerischer Eleganz, und als wäre er nur Luft, entfernte sie sich jetzt, oh, nicht weit, nur ins Gebüsch, und wie entzückt er ihr dorthin folgte! Mainacht im Werden, Festnacht der Natur, und alles, nicht nur der Flieder in seinem Rausch, auch der wonnige Ruck, den sich die Vögel gaben, wenn sie einen Augenblick in ihren leichten Nestern zu ihr erwachten, waren ein Teil von ihr. Morgen würde noch mehr Schnee auf den Bergen schmelzen, indessen wehte es gar frostig von ihnen her.

Gervaise und Mathias traten ins Freie. Es war Zeit, daß sie aufbrachen zum letzten Zug. Sie trugen graziöse Millefleurs-Kleidchen, von Herrn Lautenschlag aus London mitgebracht, und um den Hals ein schma-

les Samtband mit langen Enden, die niedlich flatterten, aber Wärme spendeten sie keine. Bei Zwingers
schichteten sich die Staub-, die Regen-, die Loden-
mäntel zuhauf. Gegen jede Wetterunbill war man da
gefeit. Bei Lautenschlags gegen keine. Die blauen
Jäckchen mit den großen lustigen Kugelknöpfen hatten die unbedachten Mädchen zu Hause gelassen, aber
Victory war ins Haus zurückgeeilt. Ganz vermummt
ging Gervaise nun mit ihm voraus. Candida folgte
mit Mathias. Nichts störte, nichts unterbrach die Ver-
zückung rings umher. Kein Haus zu sehen außer dem
eigenen, bis zur Bahn, fast eine Stunde Wegs. Ein
Mustergut fürwahr! Er verstand es, der Preuße.
Nichts fehlte! Alles kam noch hinzu. Romantik sogar,
ihm selber unbewußt: im offenen Rollwagen auf eige-
nem Geleise (der Ziegelei wegen gelegt) fuhr man zur
Station. Weithin verhallte sein rhythmisches Ge-
räusch. Man lag zurück, über sich den Nachthimmel
nur! Da flog das Herz des Mathias zu ihm auf. Irgendwie glich er alles aus, wartet nur, auch die Rüdheiten
des Lebens (wie die des Professors). Immerzu hätte
Mathias so abwärtsrollen mögen, aufblickend zu diesen versammelten Sternen, nichts zwischen ihnen und
ihr, wie von einer göttlichen Schaukel dahingeführt
– – – Aber da stand sie schon still, da waren sie schon
angelangt, da nahte schon der Zug, und wieder riß an
diesem Tag ein zauberischer Faden. Victory hob Gervaise in ihr Abteil. Er ging mit Candida zu Fuß nach
Hause.

Es saßen noch andere Leute in ihrer dritten Klasse, wie Mathias entrüstet wahrnahm. Erst in Großhesse-lohe stiegen sie aus. Von der Decke stank ein trübes Lämpchen inmitten der verbrauchten Luft. Mathias legte den Lodenkragen auf die Bank, im Gefühl, daß er ihr nicht stand, und dort würde er auch in München liegenbleiben, wenn Gervaise sie nicht daran erinner-te. Die Mädchen waren jetzt allein. Aber Gervaise hätte lieber nicht gesprochen. Victorys Blicke gaben ihr zu denken. Daß sie dem Mathias entgingen, ge-schah nur, weil gerade der bayrische Löwe in ihr entfesselt war, jener Löwe, von dem Herr Lauten-schlag nicht oft genug wiederholen konnte, daß ihm, Gott sei's geklagt, die Zähne einer nach dem anderen herausgebrochen würden, und diese Sorge teilte der arme Mathias mit ihm. Nicht so Gervaise.

Die fast geisterhafte Hand schwebte ihr vor, welche zum Abschied nach der ihren griff und die gar nicht zu dem munteren Victory paßte. Es war nur erste Liebe, die sie derart beseelte. Gervaise war noch lange nicht so weit. Die ungeheure Dynamik ihres zu Ban-gigkeit geneigten Herzens war noch nicht entfesselt. Zu ihrer tollen Phantasie gesellte sich eine fast *Sucht* zu nennende Uneigennützigkeit, doch ihr Charme wird immer zunehmen bis zuletzt.

Was blieb, strich und erwog man alles dies, war ungemein, war eine Harfe im Wind, es war die Mem-nonssäule.

Wann, o wann, wird man hinter all die Formen, ja, die

Schliche in der Welt des Unsichtbaren geraten, die unerschöpflich sind, wie die der Materie, als fuße auch der Geist in ihr, als sei er ebenso stofflich wie sie, als spiegle er alles Stoffliche wider. Wem ersichtlich? Hier ist der Sitz aller Wirrsal wie aller Verstrickungen. Hier setzt die Ohnmacht aller Wegbereiter ein.

Es war ein richtiger Bimmelzug, welcher die Kinder in die Stadt zurückbrachte. Samstagabend. Es würde eine mächtige Verspätung geben. »So ein anglodeutsches Rittergut hat viel für sich«, sagte Mathias. – »Ja«, sagte Gervaise.

»Du, Gervaise, das wäre was für uns. Selber wissen sie ja gar nicht, wie schön es ist. Hast du den Käslaib gehört? Nie geht er in den Garten, sagt er.« Aber Victory und Tobby wußten es schon. Gervaise verstummte wieder. Sehr wohl fähig, eine Situation in ihrer Gesamtheit zu überschauen, das ganze Schachbrett, die Figuren (während Mathias immer nur die Spieler sah), entging ihr mitnichten, wie überaus ungünstig gelagert und gänzlich ohne Deckung eine etwa keimende Leidenschaft Victorys für sie das Licht suchte. Sah man vielleicht Herrn Lautenschlag mit dem Professor Gevatter stehen, einen inneren Zusammenschluß der Familien sich ergeben? Nimmermehr! Und hing die Verschiedenheit der Temperamente, des Charakters, hing sie mit der Verschiedenheit der Konfession zusammen?

Wir dürfen nichts beschönigen. Die Lautenschlagschen Kinder wirkten für viele, verglichen mit den Zwingerschen Töchtern, die mit ihren Gesangbüchern gottesfürchtig einherschritten, direkt frivol. Ihr

Gott war nicht derselbe, den Frau Lautenschlag voll Sorge um ihre Kinder anrief. Nun sind sie Sonntags schon wieder spät in die Messe gekommen und schlängeln sich trotzdem gleich nach dem ›Ite, Missa est‹ wieder hinaus. Aber sitzt ihnen ein mehr als tausendjähriger Atavismus im Blute, daß Fleisch am Freitag für sie non existent ist? Den Karfreitag verbringt man unter einem Druck, und welch Aufatmen am Karsamstag! Wir sagten schon, daß an Weihnachten deutsches Gemüt hier nicht so recht auf seine Kosten kam, aber seht sie den Auferstehungstag begehen, mit ihm die neuerblühende Natur, und wie die Kinder um Hespera geschart zum Halleluja gehen, teils Ärgernis, teils Rührung erregend, wo sie vorüberziehen. Und geheimnisvoll behütet, bis auf eine.

Immer mehr wird Candida von ihrer Aura infiziert. Nicht ganz mit Unrecht hat Frau von Zwinger mehrmals schon Gervaise und Mathias ganz erbittert kleine Schlangen genannt. Heuer wieder mußte Candida den frechen Hohn des Mathias bestehen, weil man bei Zwingers den Karfreitag und nicht Ostern als das höchste Fest des Jahres feierte. »Nie versteht ihr eine Pointe!« rief sie. – »Was willst du sagen?« rief Candida erschrocken aus. Ein boshaftes Gelächter war die Antwort gewesen.

Jetzt ließ sie ihre Schwester nicht in Ruh'. »Du bist so fad«, wirft sie ihr vor. In Sendling werden friedliche Riesenbataillone von Milchkannen verladen. Gervaise mußte an den Riesenkorb denken, den sie im Bügelzimmer von Grünstraßen hochangefüllt mit schön gebleichter Wäsche sah und so vielen Socken! Alle

wohl instand. Die Haushälterin wußte von jedem
Stück, wem es gehörte, und verteilte die Sachen in
den Zimmern.

Viel Galgenhumor steckte hinter den Streichen, welche die Kinder sich selber spielten. Den Sport der
zerrissenen Strümpfe zum Beispiel, den sie gerade in
diesen Tagen trieben. Aber daran war Herr Gérade,
den sie alle liebten, schuld, der Freund des Hauses,
Sekretär bei der Gesandtschaft, ein zurückhaltender,
etwas morbider, noch junger Mann, der jeden freien
Abend bei Lautenschlags verbrachte, in derselben
Sofaecke Platz nahm, dasselbe Kissen an sich drückte
und diesen Salon seinen ›coin de France‹ nannte. Eine
ehrgeizige Mutter hatte ihn in die Karriere gestoßen.
Er aquarellierte viel lieber und machte Gedichte, die
Frau Lautenschlag in Musik setzte. Sogar einer kleinen Reise nach Venedig schloß er sich in seiner Panik
vor dem Alleinsein an und konnte dabei den seltsamen gelegentlichen Mangel an Geistesgegenwart der
gewandten Dame bestaunen. Er war nicht abzulegen,
ob sie es auch hinnahm, daß ihre Kinder, ja, sogar
Herr Gérade sie darauf hinwiesen. Aber nichts konnte
die tiefe Verehrung schmälern, die er für sie hegte,
und auch er war für sie ihr ›coin de France‹. Sie hatte
sich seiner angenommen und ihm eine Wirtschafterin
besorgt, die seine Hilflosigkeit in praktischen Dingen
nicht ausnützte. Aber eines Tages hatte er zu den
Kindern gesagt: »Moi, mes enfants, je quitte mes bas
quand mes bas me quittent.«
Auch zum Scherz hätte ein solches Geständnis nicht

kommen dürfen. Große Löcher in den Strümpfen wurden von diesem Tage an Trumpf. Hier hielt Gervaise den Rekord: wenn sie mit Schwung einen Schuh von sich warf, gab's was zu lachen: an den Zehen nicht ein heiler Fleck, die Ferse zum mindesten ganz durchgestoßen.

Aber es kam vor, daß der Stachel sich wider sie selber kehrte und ihnen allerlei Dinge empfindlich zu Gemüte führte. Vollends wenn Hespera zu lange fernblieb. Denn sie allein machte alle Nachteile wett.

Die Erbschaft

Der Genius des Geldes, der es gerne sieht, wenn die großen Guthaben auf einem Haufen zusammenbleiben, faßte die großzügige und zugleich haushälterische Lebensführung der Zwingers wohlgefällig ins Auge und beschloß ein übriges für sie zu tun. Die reiche Großmutter in London hatte zwar genug Verwandte, welche kleine und große Legate von ihr erhofften, sie aber berief eines Tages ihren Anwalt, um Verbena, die nun fünfunddreißig Jahre zählte, zum Lohne für ihre Aufopferung als Universalerbin einzusetzen. Kaum war sie dieser Eingebung gefolgt, als sie auf immer die Augen schloß, und ein anderes, bisher an Pflichten reiches, an Freuden armes Leben hatte nun seinen Platz an der Sonne und war umgoldet von Wichtigkeit. Allein das erste, was Verbena tat – und der Genius des Geldes entzog ihr daraufhin alsbald seine Gunst –, war, daß sie ihr Erbe auf Heller und Pfennig mit ihren vier Schwestern und ihren zwei Brüdern teilte. Nun hatten alle gleich viel, aber mit ihrem eigenen gewaltigen Reichtum war es natürlich vorbei. Nicht genug: mit dem schönen Haus, das ihr zufiel, wollte sie die leer ausgegangenen Verwandten entschädigen; es dünkte ihr viel zu groß für sie allein! Was sie lockte, war der Gedanke, zu den Eltern und Geschwistern zu ziehen, von welchen sie so lange getrennt gelebt hatte, sich gemeinsam mit ihnen in München und Grünstraßen des Aufschwungs der Familie zu freuen. Schon standen Koffer und Kisten gepackt. Mußte da Mr. Mellow, ein Witwer mittleren Alters, zwischen Tür und Angel sozusagen, um sie anhalten und ihr seine Liebe gestehen? Eine Liebe, die Verbena schon nach drei Tagen, ohne jeden Kristallisationsprozeß zwar, aber dennoch mit echt von Zwingerscher Gründlichkeit erwiderte. Herr Mellow, der fünf, teils kleine, teils halbwüchsige Kinder mit in den ewigen Bund brachte, war von jener radikalen Mittellosigkeit, wie sie mit Vorliebe bei Irländern herrscht. Gar nichts Schöneres konnte die gute Verbena sich da träumen, als ihren Besitz ihrem Manne zuzuwenden, seine Töchter zu versorgen, seine Söhne in ihrer Laufbahn zu fördern. Wohl dünkte es ihr nun etwas vorschnell, daß sie sich des prächtigen Palastes begeben hatte. Nicht länger wäre er jetzt zu weitläufig gewesen. Auch Herrn Mellow gab es einen Stich, als er von der Schenkung erfuhr. Noch war das letzte Wort nicht gefallen, und schon gehorchte ja Verbena so blindlings dem Manne ihrer Wahl, daß sie wider ihr besseres Empfinden, auf einen Wink von ihm, ihre

Zusage zurückgenommen hätte. Doch Herr Mellow, zu ehrenhaft, um ihn zu geben, ließ den Dingen ihren Lauf. Statt auf immer und mit all ihrer Habe, fuhr sie nun zu kurzem Besuch nur mit dem Verlobten nach Bayern, und als glückliche Eheleute kehrten sie wieder heim. Und wirklich wäre alles sehr schön gewesen, hätten sich zu den fünf vorhandenen, teils kleinen, teils halbwüchsigen Kindern nicht fünf weitere – gar Zwillinge darunter – in überraschend schneller Folge eingefunden. Auch sie wollten leben. Fünf und fünf sind zehn. Erbittert sahen Verbenas Stiefsöhne auf den unerwartet sich mehrenden Zuwachs. Das laute und zugige Haus, das man in Folkestone erworben hatte, erwies sich bald als zu klein, während in London die lachenden Enterbten residierten. Ach, und wäre Verbena Verbena gewesen, wenn sie das schöne Vermögen, das sie noch immer besaß, wenigstens vorteilhaft angelegt hätte? In wenigen Jahren war das meiste davon in Rauch aufgegangen, und die Mellows waren nicht viel reicher als zuvor.

In Grünstraßen blühte indes der Wohlstand aus allen Ritzen hervor. Neue Pferde standen in den erweiterten Stallungen, Rosenanlagen am Südende des Irrgartens. Und Hochzeiten wurden jetzt serienweise gefeiert. Die hehre Hedwig, am Arme ihres Vaters zum Altar schreitend, war ein unvergeßliches Bild. Dorothea folgte einem äußerlich weniger repräsentativen, aber ebenso geachteten und trefflichen Gatten in die Ferne.

Aber auch die unbegabte und dennoch edle, die schon resignierte Gertrud mit dem gütigen Blick eines

Schlachtopfers und dem permanenten Stockschnupfen, sie, die nie begehrt Gewesene, sah sich plötzlich
umworben, und ein Nebel legte sich da über die
verkümmerten, schon ganz auf Verzicht eingestellten
Sinne des Mädchens. Ein armes Herz schlug da wie
eine Kapsel in Flammen auf. Was für einem Freier
entgegen? Zwar trug er einen alten, aber durch seine
eigene Schuld schwer havarierten Namen. Als Offizier in einem der ersten Regimenter wurde er in eine
wüste Geschichte verwickelt, hatte das Recht des
Tragens der Uniform verwirkt, sah sich aus dem Heer
gestoßen. Nur wer damals gelebt hat, kann den grausamen Boykott ermessen, den ein sogenannter
schlichter Abschied nach sich zog. Und wie trug
Gertruds Angebeteter sein hartes Geschick? Allen
Menschen grollend, immerzu Beleidigungen witternd, mit einer so unfreundlichen Physiognomie, daß
der Uditore Monsignore Guidi, der ihn bei Lautenschlags antraf, als Gertrud ihn dort vorstellte, seufzend die Bemerkung fallen ließ: »Quand une jeune
fille veut se marier elle épouserait le diable.« Aufs
peinlichste berührt, fühlte der Vater, fühlten die in
Ehrensachen so empfindlichen Brüder das zottige Innere des Mannes heraus, und Candida klagte bei
Gervaise ihren Kummer über Gertruds verlorene Haltung. Sonst aber verrieten Zwingers mit keiner Miene
ihre Demütigung, ihren Verdruß. Von weither kamen
die eben vermählten Schwestern herbei.
Dieselbe Blumenfülle am Altar, wie für ihre eigenen
Trauungen, derselbe Pastor, dieselben Orgelklänge zu
Ehren der förmlich hinschmelzenden Gertrud an der

Seite ihres wuchtigen Bräutigams im Frack: der Vater ein Bild der Würde, wie er diese verblendete Tochter führte, die nicht zu halten war, Frau von Zwinger im schiefsitzenden lila Samt sehr nobel aussehend, Victory als neugebackener Ulanenleutnant in Gala, der im Examen durchgefallene Rosselenker Tobby blaß und schweigsam wie seine Mutter.

Gervaise war auf Candidas Bitte zum Polterabend eingeladen worden, denn Polterabend mußte sein. Als sie mitten in der Nacht nach Hause kam, erhoben sich ihre indisziplinierten Geschwister und gruppierten sich um Herrn Lautenschlags Lager; dann zogen sie mit ihr in Frau Lautenschlags Zimmer, und sie mußte von vorne berichten. Denn frisch vom Faß mimte sie alles am besten.

Im Gegensatz zu den Empfängen bei Lautenschlags waren die von Zwingerschen Festlichkeiten äußerst patent. Auch der verwöhnte Esser durfte nicht klagen. Von dem schönen farbigen Porzellan lockten die selbstgemachten Pastetchen, die reiche Mayonnaise, das zarte, weiße Fleisch des Indian, das gemischte Eis. Nach dem arroganten Toast des Professors zu schließen – er erhob sich zuerst –, fand man nichts an dieser Heirat auszusetzen. Weniger zwar ließ er sich über diese, als über die mancherlei Körbe, die seine Töchter schon ausgeteilt hatten, aus, und flüchtig streifte dabei sein Blick zwei junge Leute, welchen er von seiten Hedwigs einen übermittelt hatte, und froh gelaunt, denn bei Polterabenden ziemte sich das, nannte er das von Zwingersche Haus ein Haus der ›Korbflechterei‹.

»Wir Zwingers«, meldete sich da ein Bruder zum

Wort, »wir Zwingers, ob von oder nicht von«, und es war nicht unbedingt angenehm, wie er bei dem untadeligen Schild gemeinsamen Namens verweilte. Aber nichts tat einer Heiterkeit Einbuße, die ohnehin auf Kommando war. Die trefflich angesetzte Bowle stieg keinem zu Kopfe. Die Zimmer standen ausgeräumt zu Tanz, Gehopse, Quadrillen, Galopp, und immer lustig, denn heute war Hochzeit. Und wie bei kleinen geselligen Anlässen die Vorträge auf dem Pianoforte, kam jetzt, als weitaus wichtigster Unterhaltungsfaktor, das Knallbonbon zu Ehren, die papierne Mütze, die einer aufsetzte, der Pantoffel, den der andere zog. Seht, seht! Und Gelächter. Na, was sollte das, stimmte da jemand nicht ein? Aber Gertrud fiel eine aus Goldschaum geformte Kassette zu. Verhimmelten Blickes reichte sie ihrem Angebeteten den Papierstreifen hin, den sie erhielt, und schon rüsteten sich die Geladenen zu neuem Frohsinn und Applaus.

»Ist ein Mädchen nur recht reich,
Kommt es an den Mann sogleich.«

Ja, er mußte es wohl zu Ende lesen; da half nichts. Aber Frau von Zwinger ist für Verschleierungen nicht zu haben, alle Künste sind ihr fremd. »Wie ungeschickt!« ist die unverhohlene Bemerkung, die sie fallen läßt. Und Gervaise zieht wie mit einem imaginären Taktstock einen Gedankenstrich durch die Luft.

Weit aber stößt der Genius des Geldes die arme Gertrud von sich. Betrachtet sie euch noch einmal, denn ihr seht sie nicht wieder: vor dem Traualtar stehend, umringt von ihrem aufrechten Vater, ihren Brüdern, den Patron ihres Bankkontos zur Seite, der mit einem einzigen Griff es an sich reißen wird. Nicht der Schatten einer Vorsicht, einer Klausel in ihrem Ehekontrakt, wie sehr auch die besorgten Eltern, die Schwestern in sie drangen. Schutzlos geworden durch diesen Beschützer, wird sie ohne eine Träne Abschied von ihnen nehmen und ihm folgen.

Es war begreiflich, daß er außer Landes, in einem anderen Erdteil sogar, neue Existenzmöglichkeiten suchte. Ein Jahr lang wird man noch von Gertrud hören, dann wird sie verstummen. Ihr Tod ist nicht mehr fern. Sie hat gewählt.

Nun ist nur noch Candida zu Hause, schlicht und anmutig zugleich; die Anemone ist ihr Sinnbild. Hedwig hat sie mit nach Berlin genommen, sie, die sich so mit Geschmack zu kleiden weiß, schmückt jetzt die junge Schwester und führt sie aus. Für Candida freuen sich die Lautenschlagschen Mädchen am meisten über die Erbschaft. Keine Spur von Neid regte sich in Hespera noch in Gervaise noch in Mathias; Mißgunst ist ihren Herzen fremd. Nur Frau Lautenschlag hat wieder in schlafloser Nacht den Himmel bestürmt, ihre Töchter nicht zu verlassen.

Dämonen am Werk

Es war ihnen zu viel Sonne im Hause Lautenschlag. Gleich wie in den Völkern, den Staaten, hält sich ihr zerstörendes Wirken auch im Schoß der Familien unablässig in Kraft. Sie kennen kein Verzagen, ihr Reich ist von dieser Welt, immer erneut schöpfen sie Atem. Nie lange in die Flucht geschlagen, sammeln sie ihre Bataillone im Hinterhalt. Sie wissen, ihr Moment kehrt bald wieder, und sie nehmen ihn wahr. Sie hatten es auf Lautenschlags besonders abgesehen. Keine Zugbrücke schwang sich hin zu dieser Burg. Ohne Wall, den Gegnern offen, bot sie Breschen genug.

»Er sieht aus wie ein Diplomat, aber ich glaube, er *ist* keiner«, sagte Mathias eines Morgens beim Frühstück von Herrn Gérade – Hespera war noch immer nicht zurück –, und für einmal traf sie mit ihrem vorschnellen Urteil ins Schwarze. Daß aber diese Tatsache schwere Folgen für ihre Angehörigen haben würde, ahnte die kleine Optimistin nicht; und wäre es ihr gesagt worden, sie hätte es nie geglaubt – ganz am Schluß mußte alles gut ausgehen; wie in der Zauberflöte auch nach mancherlei Prüfungen Sarastro mit Tamino und Pamina siegreich auf dem Plane blieb. Anders gab sie es nicht. An einer Geschichte besah sie immer erst den Schluß, ob Held und Heldin sich auch sicher kriegten, ob sie nicht mit einem traurigen Schnörkel endete.

Indes spielten sich zwei Todesfälle recht unglücklich in die Hände: Im Irrenhaus zu Saint Nicholas du Port starb die Mutter von Frau Lautenschlag, und noch hatte diese den Zug nicht bestiegen, um an das traurige Sterbelager zu eilen, als in München ein bayrischer General verschied, der im Siebziger Krieg Orleans besetzt hielt. Mit großem Pomp und dem Aufgebot der gesamten Regimenter sollte er zu Grabe geführt werden. Nun sagten wir schon, daß Herr Gérade recht wirkungsvolle Aquarelle sowie hübsche und komponierbare Gedichte fertigbrachte. Als ein feiner, schlanker Herr, von den Menschen wohl gelitten, ging er ein und aus, und sein Zylinder stand ihm wunderbar. Eine leichte Morbidezza gereichte seinen Zügen zur Zierde, hing aber mit einer zarten Konstitution zusammen, die schweren Anstürmen nicht gewachsen war: Ehrgeiz besaß er so gut wie keinen, die Politik dünkte ihn ein kaltes und gnadenloses Geschäft, und daß eine solche Einstellung so recht nach dem Herzen Frau Lautenschlags war, bedarf keines Hinweises. Dennoch, dennoch – es war charakteristisch für sie, daß sie Situationen, sofern sie nicht selbst darin verwickelt war, gelegentlich nüchternen und weltklugen Auges einzuschätzen vermochte. Und so kam es denn, daß zwei so weit voneinander abliegende Vorkommnisse wie die Bestattung eines bayrischen Generals und eine zu gleicer Zeit unternommene Reise Frau Lautenschlags nach Nancy die Wendung in Herrn Gérades Karriere bedeuteten. War ein toter General noch ein Feind? Oder fielen die Schranken vor jenen andern, die ihn von den Lebenden schieden? Herr Gérade spann an diesem Faden, und gern hätte er mit Frau Lautenschlag das Thema erörtert, zumal sein Chef sich auf Urlaub befand und ihn allein als Geschäftsträger zurückgelassen hatte. Wie dachte Frau Lautenschlag, deren Urteil ihm so viel galt, über den Fall? Ziemte es sich vielleicht, ja, war es nicht dem großmütigen Geiste Frankreichs

gemäß, daß er dem Sarge des Mannes folgte, welcher
. . . Nein, tun Sie es nicht! würde Madame Lautenschlag ihm zugerufen haben, wenn sie statt in Nancy
in München gewesen wäre. So aber begab es sich, daß
Herr Gérade, der mitnichten ein Tor, wohl aber ein
Träumer war, die schwere Gaffe beging, als Vertreter
Frankreichs bei der Leichenfeier des Generals zu figu-
rieren. Heiß und kalt – doch, ach, zu spät – wurde
ihm, als bei der Grabrede die Namen von Städten,
Ortschaften, Kampfplätzen an sein Ohr dröhnten, die
für ebenso viele Wunden standen, dem Herzen Frankreichs geschlagen. Und diese Namen genügten, ob er
auch kein Deutsch verstand. Ehe noch der Mann, der
einst als mächtige Militärperson tief in Frankreich
drin geschaltet und gewaltet hatte, unter Ehrensalven
und Böllerschüssen klaftertief unter die Erde hinab-
sank, wie nie gewesen – war der arme Gérade zur
wirklichen Lage, auch seiner eigenen, erwacht. Nicht
bedurfte es mehr des erregten Auftritts mit dem zu-
rückgekehrten Gesandten, um sich klar zu sein, daß
seine Abberufung nur eine Frage von Tagen und seine
Laufbahn beendet war. Frau Lautenschlag durfte wieder nach Hause kommen.

Zimmerbrand

Es war nicht Hesperas Schuld, daß der Brief, der jenes
abgekartete Telegramm: ›Zimmerbrand. Komme sogleich!‹ zur Folge haben sollte, noch immer nicht
eintraf. Schon eine ganze Weile wünschte sie sich aus

ihrem luxuriösen Hotelzimmer in ihr unbequemes Schlafboudoir, mit der silbernen Ampel so ungenügenden Scheines, zurück. Hier brauchte sie nur zu knipsen, es ist wahr, und von gelber Seide umschleiert erstrahlten alsbald Lichter wie goldene Blumen. Zu Anfang hatte sie oft mitten im Lesen den Kopf wieder zurückgelehnt, um sich ganz der Verwöhnung hinzugeben. Denn recht lautenschlagmüde war sie hierher gekommen!

Aber bald erschien ihr die Armut daheim, die Unsicherheit sogar, welche dort waltete, eine beschwingte und heitere, ja, eine von Vogeltrillern erfüllte Sache zu sein, verglichen mit der Luft, dick zum Schneiden, die sie hier atmete. Nach außen freilich lebte sie in Glanz und Behagen: gegen die Unbill des Alltags war das junge Ehepaar, das sie entführt hatte, in großartigster Weise versichert. Die Ritornelle von den neunhunderttausend Franken (gute Goldfranken natürlich), auf welche Concitas Mitgift sich belief, konnte Hespera schon gar nicht mehr hören. Oder waren sie als Rückhalt dem Manne gegenüber gedacht, den sie so früh aufgehört hatte zu lieben?

Warum Concita? und woher stammte sie? Tochter eines griechischen Vaters und einer russischen Mutter – beide früh gestorben –, viel mehr wußte man über sie nicht. Vor zwei Jahren war sie blutjung und schon verwitwet nach München gekommen. Sie wußte nicht recht, wohin des Weges. Ihr Trauerjahr war noch nicht abgelaufen. Eine Cousine lebte in der Nähe von Andechs auf einem Gut. Aber Concita kam nie bis zu ihr. Die Grippe, die in jenem Winter mit großer

Heftigkeit herrschte, befiel auch sie. Klein ist die Welt; und so wurde denn Concita von Professor Dr. Fritz Emanuel von Zwinger behandelt, als dem Arzt des Hotels, in dem sie abgestiegen war. Von ihrer Erscheinung und ihrem Wesen entzückt, lud er sie in sein Haus. Dort traf sie Lautenschlags, die ihr viel besser gefielen, besonders Hespera. Für die allzu grünen und unentwegten Verehrer, die sich galant, doch ohne sonderliches Zartgefühl um das wunderhübsche junge Dämchen scharten, hatte Concita wenig übrig. Nur mit Maxel Vorbach von den Schweren Reitern kokettierte sie eine Weile, dann fing auch er an, ihr lästig zu werden. Schlittenfahrten, Ritte in der Manege und Blumen waren ja ganz nett, aber die Buketts wurden immer größer, die Orchideen-Arrangements immer unförmlicher. Und als da eines Morgens, ganz aus Maiglöckchen gewunden, ein Riesenrad anrückte, nahm sie nicht unverweilt den Anlauf, den beiliegenden Brief zu öffnen; und später vergaß sie ihn, glich doch einer dem anderen, und die Schrift langweilte sie. Daß er einen Heiratsantrag enthalten könnte, kam ihr nicht in den Sinn.

Den ganzen Tag stand der arme Maiglöckchenspender am Fenster und wartete auf Antwort. Indes der kleinen Concita die Geduld mit diesem plumpen und semmelblonden Liebhaber riß.

»Merci, merci, beaucoup trop beau«, stand mit eiligen Bleistiftzügen auf der Visitenkarte, die erst in der Frühe und per Post einlief. Vorbach stürzte zu ihr, erzwang sich Einlaß, trat aschfahl vor sie hin. Die Szene, die sich ergab, hatte am selben Abend ihre

Abreise nach Paris zur Folge. Nur Hespera zu sehen, verlangte sie noch. »Nur dich, nur dich werde ich vermissen!« rief sie ihr zu. Als der Zug ausfuhr, ließ sie schnell noch die Scheibe herab. Dicke Nebel erfüllten die Halle, von unten stiegen Rauchwolken bis an ihr Fenster. Es war, als strecke sie die Arme aus einem brennenden Hause Hespera entgegen.

In Paris aber lernte sie Chiano kennen. Ja, das war ein ander Ding! Ein anderes Blondhaar – kein fader Schopf einer ahnungslosen Stirne aufgesetzt –, hochblond, von fast rötlich getöntem Golde, schloß es sich stilvoll den Schläfen an.

Chiano, der, obwohl ein hervorragender Tänzer, niemals tanzte, tanzte einen Abend fortgesetzt mit Concita. Seine Rechte lag wie eingegraben und wie aus Stein gebildet Concitas Schultern an – auch ein Stück ihrer schimmernden Achsel deckend, während er mit der Linken die Hand des flügelleichten Geschöpfes führte. Führen war gewiß das Wort. Und alles zwischen ihnen, nicht nur während sie tanzten, auch wenn sie innehielten, wenn er, eine zerstreute Miene zur Schau tragend, sie losließ, diese Hand, nur um sie von neuem zu ergreifen, von neuem diese Finger zu umschließen, alles geschah nach Rhythmen, alles war Musik.

Wer sich da vertieft hätte in das Spiel dieser Hände, dem, ohne aufzublicken, Concita gewährte, der hätte erkannt, daß hier eine Leidenschaft schon verhängt war, daß sie den Mann schon kettete und daß er nicht mehr ohne gefährlichen Riß, ohne schwere Einbuße seiner Natur die Tänzerin, die er so stolz und sieghaft

94

und heute noch so frei im Arme hielt, wieder aus den Augen verlöre. So geben manche Ouvertüren, manche Opern beim Einsetzen der ersten Akkorde ihre Idee, ihr Fatum kund.

Chiano stand im vierzigsten Jahr. Trotz vieler Hintergründe und mancher Tücken war er mit wenigen Strichen auf eine klare Formel zu bringen: aufrecht und aufgeräumt, ein echter Vorkriegstyp, ein Kosmopolit. Der Begriff herrschte noch vor. Schon galten Pässe als etwas Veraltetes, an das niemand mehr dachte. Man erörterte wohl die Möglichkeit eines Krieges, doch ohne ihn zu kennen, die Ära des Grauens zu ahnen, die er eröffnen würde. Schlimm sollte es eines Tages Chiano zu stehen kommen, daß er kaum wußte, an welche Scholle er eigentlich gebunden war. Und mittlerweile überall in der Welt zu Hause, freudig überall begrüßt! Die großen Jagden, die er in Siebenbürgen hielt, seine Jacht in der Adria, seine Duelle, seine Liebesgeschichten, solche Dinge besaßen noch ihre Wichtigkeit. Viel Eindruck machte auch die Vorurteilslosigkeit, eine andere Art von Snobismus vielleicht, mit welcher er von den Titeln, die er zu führen berechtigt war, keinen Gebrauch machte. Er zählte zu den Mächtigen der Erde, das genügte ihm. Für seinesgleichen stellte sich damals das Leben als eine eminent erfreuliche Sache dar. Es konnte so bleiben.

Concita war sehr ehrlich des Glaubens, daß sie ihm eine große und immerwährende Liebe entgegenbrachte. In Wahrheit blendete sie der Glanz seiner Stellung, seines Namens, die Tatsache, daß er der vielbegehrte Chiano, sie die vielbeneidete Concita war, vor allem deshalb, weil er sie umwarb. Und nicht nur von ihrer berückendsten Seite zeigte sie sich dem anspruchsvollen Chiano, sondern, als mische sich eine merkwürdige Magie drein, wurde sie berückend in dem Maße, wie sie ihm anhing. Alles, was an ihr liebenswert und reizvoll war, trat jetzt in Flor, sie wirkte als eine hinreißende kleine Persönlichkeit, wohin sie kam. Doch ach, sie war für die Treue schon verdorben, hatte schon Beziehungen zu den Männern zu buchen, Chiano war der vierte, warum also nicht fünf? Eine nette kleine Scheidung, war die Prognose eines Trauzeugen, der Concita gut kannte. Denn zur Trauung kam es. Sie wurde nach orthodoxem Ritus vollzogen, weil Concita, die einen griechischen Prinzen dazu eingeladen hatte, es wünschte. Und in Chianos Bereitwilligkeit spielten – bei aller Verliebtheit – einige Hintergedanken mit. Ging die Ehe schief, so konnte sie mit Hilfe des Kardinals, den er in Rom zum Onkel hatte, leichter gelöst werden.

In der Tat war schon im übernächsten Jahre Chianos Zauber für sie dahin. Nicht so ohne weiteres natürlich. Doch als er eine Reise nach Ostasien unternahm, wo große Interessen für ihn auf dem Spiele standen, da drohte sie lachend, ihn zu betrügen, wenn er sie verließe, und er lachte noch viel lauter, hatte er doch ganz andere Beteuerungen von ihr im Ohr. Als er nach vier Monaten zurückkehrte, fand er sie aber mit vollen Segeln in ihrem neuen Flirt begriffen und von einem herzlich belanglosen Attaché nicht übel ins Gerede gebracht.

Seitdem klaffte ein Riß. Noch liebte Chiano Concita, ob er schon anfing, sie zu hassen, Concita liebte Chiano nicht mehr, ob sie noch davor bangte, ihn zu verlieren. Um seinen Groll zu entwaffnen, nahm sie ihre Flucht in die Krankheit. Daß ihr der Arzt eine Kur in Meran verordnete, war unschwer zu erreichen. Patienten ihrer Art schickte man damals gerne dorthin. Es war viel los in Meran. Lustige Leute kamen aus Wien; am Semmering war's noch zu kalt – aber Concita interessierte das nicht: immer nur einer aufs Mal. Sie dachte an nichts als den Attaché. Chiano war ihr zur Last. Er gefiel ihr nicht mehr. Sie wollte in München – es lag auf dem Weg – Hespera holen. Die sollte ihre Vertraute, ihre Helferin werden.

Lautenschlags gaben für Chianos einen ihrer gelungensten Tees, und Chiano zeigte sich zu Concitas Freude von Hespera entzückt. Hespera aber hatte nur Augen für die wunderbare Einheit, welche die beiden darstellten. Wie oft sehen wir Ehen zerschellen und die Vorzüge zweier an sich wertvoller und liebenswürdiger Menschen brach, ausgeschaltet füreinander liegen, lediglich, weil sie schlecht zueinander passen.

Chianos geschlossene Art dagegen kam nur an der Seite der beschwingten Concita zu voller Wirkung, während Concita, dies Capriccio der Natur, nur in Ergänzung Chianos den beseelten Takt, den Esprit zeigte, das sprudelnde Naturell, mit dem sie alle hinriß. Es war nur eine Stimme über das Paar. Diese Ehe ließ sich wirklich als eine im Himmel geschlossene an: Concitas treffsicherer Instinkt, ihre Kunst, die Menschen herumzukriegen, die weite Skala ihrer Reize setzten sich in Verbindung mit Chianos urbanem und geradlinigem Wesen in ein Treiben außerordentlicher Entspannungen um. Denn ein Treiben war's. Chiano hatte auch seine Hand im großen Spiel der Politik. Und welche Sekundantin besaß er in Concita! Ohne sie lief Chiano bei aller Gerissenheit Gefahr, die Dinge und Menschen zu einfach zu sehen, ohne ihn Concita, der Unwichtigkeit zu verfallen und zu verlöschen. Einzeln unzureichend, bildeten sie vereint eine Macht, einen vornehmlichen Faktor der Zuversicht inmitten einer glücklichen, aber schon sich bedroht fühlenden Welt.

Diese zwei hatten Hespera in ihre Mitte genommen, weil ihnen unbewußt davor graute, ihren Bund ge-sprengt zu sehen. Zu Anfang ging alles glatt. Hespera atmete von ihrem langen Winter mit Lautenschlags auf. Sie gewann Distanz zu ihnen; sie wappnete sich wieder. Die drei tranken Brüderschaft, sie vertrugen sich vortrefflich und hatten sich stets eine Menge zu sagen. Und Meran zeigte sich ihnen in seiner ganzen Pracht. Doch nicht lange, und Hespera sah sich in ein Kreuzfeuer von Zerwürfnissen verstrickt, in Ränke, welche die Chianos wider einander spannen, zwischen ihnen hin und her gezogen, da auch Chiano angefan-gen hatte, sich vor ihr auszusprechen.

Die sportlich zwar begabte, aber gänzlich unsport-liche Concita bekundete über Nacht eine Leidenschaft für das Tennisspiel. Eben noch hüstelnde Invalidin, trainierte sie den ganzen Tag und stellte ihre Garderobe auf Tennisröcke, Tennisschuhe, unerschwingliche Schärpen um, die sie in den Luxusläden des Ortes erstand. Die seufzende Jungfer hatte den ganzen Tag zu plätten. Eines Abends – Concita war wie gewöhnlich außer Hause – trat Chiano bei Hespera ein. »Was sagst du?« rief er. »Weißt du, wer ihr Partner auf dem Platze ist? – Der leere Wicht, mit dem sie mich in Paris lächerlich machte!«

Hespera tat erstaunt. Aber sie nahm Concita in Schutz. Sie bagatellisierte die Beziehung. Sie hielt ihm seine lange Abwesenheit vor, die als Vernachlässigung empfunden wurde. »Ich kann sie also nicht mal ein paar Monate allein lassen. Ist es das, was du meinst.« Hespera lachte, obwohl ihr recht trübe zumute war. Das Ganze sei doch nur eine Tändelei. Weniger als das!

»Das glaubst du«, sagte Chiano heftig.

»Ja natürlich! Ganz gewiß glaube ich das.«

Ohne ein Wort verließ er das Zimmer.

Abwesenden Blickes, halben Ohres ließ Concita bei ihrer Rückkehr Hesperas Vorwürfe über sich ergehen. »Was kümmert mich Chiano«, wehrte sie endlich ab. »Ich schulde ihm nichts.«

»So, das wußte ich nicht«, gab ihr Hespera zurück.

Damals, als sie Chiano kennenlernte, als sie mit ihm tanzte, sollte bald darauf ihr Name in Verbindung mit einer Skandalaffäre genannt werden. Es war ein Racheacht, sie hatte nur eine Unvorsichtigkeit begangen, sah sich aber moralisch schon um Kopf und Kragen gebracht und wußte nicht mehr, wo ein noch aus. Chiano war es, der sich da rücksichtslos für sie einsetzte, dabei seines ganzen Einflusses bedurfte, um sie aus der Schlinge zu ziehen. Doch er besaß jenen unverbrauchten Mut, der sich bei unmilitärischen Männern – denn Mut bleibt immer Mut – ein Ventil im Sport oder in der Zivilcourage sucht. Gerade diese verkümmert ja so gern unter dem Druck der Unfreiheit, des Strammstehens, dort wo Beförderung winkt, Versetzung oder Pensionierung droht.

In einer reuigen Anwandlung hatte Concita jene Episode aus ihrem Leben Hespera mitgeteilt. Es war vor vierzehn Tagen gewesen. Damals gedachte sie ihrer und wußte sie noch. Heute nicht mehr. Das erste, was in die Brüche geht bei einer Frau, die sich selbst abtrünnig wird, ist das Gedächtnis. – »Ich möchte nicht zusehen, wie eure Ehe auffliegt. Laß mich nach Hause«, sagte Hespera. Aber da lief Concita schreiend aus dem Zimmer und rief Chiano herbei.

So oft Hespera sie verlassen wollte, vertrugen die beiden Chianos sich wieder, um es zu verhindern, weil beiden ihre Abreise in die Quere kam.

Indes erweiterte sich eine bisher nur züngelnde Liebelei zur nicht mehr zu bändigenden Flamme. Die Meraner Zungen gerieten in Bewegung. Herr von Tschurtschendeck, Kurgast aus Obladis, regte sich von Tee zu Tee darüber auf, daß ein junges Mädchen wie Hespera, »jetzt bitt' ich Sie, mit so einer Bagage verbandelt blieb«. Wie die meisten Moralisten dachte er in Klischees, und daß Hespera, wie immer schuldlos, im Sinne einer Candida keineswegs unschuldig zu nennen war, daß vielmehr ihr intuitives Wissen um die Dinge des Lebens, ihr Organ für menschliche Niedertracht, zu den Kontrasten dieses seltsamen Geschöpfes gehörte, solche Unterschiedlichkeiten bezogen sich auf keine der Tschurtschendeckschen Kategorien.

Hespera hielt nach wie vor an dem Grundsatz fest, daß ein Bruch zwischen den Chianos ein unheilvoller Vorgang wäre, den man zu verhindern bemüht sein müsse, und sie blieb, so unerfreulich ihre Stellung zu Concita geworden war. Diese machte ihr keine Geständnisse mehr, sie waren gar nicht nötig; Hespera sah sie nur mehr beherrscht von dem nichtigen Salonstück von Mann, dessen innere Dürftigkeit sie nicht müde wurde, ihr vorzuhalten. Daß er dennoch die reizende Concita zu betören vermochte, hing natürlich mit bedenklichen Seiten zusammen, die ganz versteckt ihr selber anhafteten und nur verdrängt und ausgeschaltet waren, solange sie mit Chiano marschierte. Allein sie war schon unter ein Joch geraten, von welchem es für eine Frau bis zu den Toren des Alters und darüber hinaus so gut wie kein Entrinnen mehr gibt. Hespera hoffte noch immer, ihre Leidenschaft als ein Strohfeuer versinken zu sehen. Sie hoffte auf die Abreise des Attachés, und obwohl sie mit Chiano sympathisierte und Concita alle Schuld gab, trieb es sie unwiderstehlich, diese zu schützen und hartnäckig zu leugnen, was sie doch wußte. Dies erbitterte Chiano, und ihre Taktik war falsch; aber eine jede wäre falsch gewesen, außer vielleicht die, keine Nervenkräfte mehr einer so verfahrenen Sache zuzuwenden.

Chiano hatte sich zur Scheidung entschlossen; darum ließ er Concita ihre Wege gehen. Sie würde dann sehen, ob ihr, wenn sie Name und Stellung einbüßte, die Welt in derselben Weise zu Füßen lag.

»Bedenkst du nie, daß Chiano der Mann ist, sich zu rächen«, sagte ihr Hespera eines Tages.

»Was weiß er schon?« fragte Concita.

»Aber was vermutet er nicht?«

»Aber was ist da zu wissen?«

Da gab Hespera das Spiel endlich verloren. Schon war auch eine wachsende Gereiztheit Chianos ihr selber gegenüber ihr Lohn. Das entzückte und entzückende Dreieck, das sie zu Anfang gebildet hatten, bestand nicht mehr, und Hespera schrieb nun den Brief, den die Lautenschlagschen Kinder schon lange erwarteten. Sie wußte nicht, denn Concita hatte ihr noch nichts gesagt, daß auch für den angebeteten Attaché der letzte Meraner Abend dämmerte. Sein Urlaub war zu Ende. Und plötzlich wünschte Concita in ihrer Verblendung nichts heftiger, als Hespera in Chianos Arme zu drängen. Eine große Unruhe trieb sie hin und her, die mit der neuerlichen Ruhe ihres Geliebten sonderbar kontrastierte. Oft genug hatte er Selbstmordgedanken vor ihr ausgebreitet, ehe er den Maibaum seiner Beziehungen errichtet sah, und sie waren an der weiteren Entwicklung der Dinge nicht unbeteiligt gewesen. Dünkte ihm aber damals ein Leben ohne Concita unerträglich, so fand er es heute, im Lichte des Abschieds, eine sehr schmerzliche Sache gewiß, aber sehr denkbar. Von freiwilliger Todesart war jedenfalls nicht mehr die Rede. Was auch kommen mochte, er hatte eine der gefeiertsten Damen des Tages erobert. Nichts machte eine solche Tatsache wieder rückgängig. Sie schmückte auf immer seinen Hut. Für einen Snob wie ihn die höchste Genugtuung.

Spät nachts schlich Concita in das Zimmer der Freundin. Ein kleiner Salon trennte es von dem ihren. Ihm gegenüber lag durch den Flur getrennt ein Stübchen, das Chianos einfachem Geschmack entsprach und das er seit kurzem bewohnte.

Zum Unglück war für den nächsten Tag seit längerer Zeit eine Fahrt nach Bozen verabredet, um durchreisende Freunde zu begrüßen, und anschließend daran ein Ausflug ins Sarntal. Concita aber wollte sich ganz dem scheidenden Freunde widmen.

»Es ist das letzte Mal«, sagte sie mit einer dramatischen Gebärde.

»Die Welt ist klein«, meinte Hespera trocken. Draußen hörte man Schritte und eine Tür gehen. Es war Chiano, der nach Hause kam. »An diesen Ausflug denkt er wohl selbst nicht mehr«, setzte sie leise hinzu.

»Er muß aber stattfinden, o Hespera, und du mußt mit Chiano gehen.« Sie beschwor unter Tränen, ihr die Liebe zu tun und ihn zu begleiten. Hespera sah sich in die Enge getrieben und willigte ein. Die Depesche schwebte ihr vor, die auf ihren Brief hin unverweilt abgehen würde. Auch *mein* letzter Tag, dachte sie.

Am nächsten Tag lag Concita mit leidender Miene zu Bett. Sie konnte jederzeit mit ziemlicher Glaubhaftigkeit auf ein halb Dutzend Krankheiten zurückgreifen und spielte darauf wie auf einer Leier. Mit Grazie hielt sie einen Spiegel und beschaute ihren Hals. Sie ließ Chiano rufen. Die Hand, die sie ihm entgegenstreckte, war heiß. Ihre dunklen Haare ringelten sich wie

kleine Schlangen um ihr liebliches Gesicht. Auch Hespera war herbeigeholt worden. Die Fahrt dürfe bei
diesem herrlichen Wetter nicht aufgegeben werden.
Nein, o nein! Das würde ihr Fieber nur erhöhen. Sie
bedürfe nur der Ruhe nach der Nacht, die hinter ihr
lag. Lieber wolle sie mitkommen, sagte sie heiser und
richtete sich auf. Ein matter Glanz lag über ihren
Augen. Welch rührenden Anblick sie bot! Schon einmal hatte sie sich zwar eine Angina geholt. Damals in
München, Hespera, nicht wahr. – Aber ja, sie sollte
nur bleiben. – Sie fiel zurück. Sie blieb. Die andern
fuhren.

Eine Stunde später stand sie blaß, im engen Röckchen,
die Bluse gestrafft, den Blick nicht von erhöhter
Temperatur, wohl aber von Erwartung und von
Fluchtgedanken geweitet. Der Jungfer – was die
dachte, war schon egal – hatte sie Urlaub gegeben.
Alles klappte. Ja, ihr Tag sollte ihr ganz gehören;
keiner unterbrach, keiner störte ihn; nur dessen Held
selber, dem sie heute auf ein Wort von ihm wie eine
Mondsüchtige gefolgt wäre, er selber war's, der ihn
verderben sollte. Die Register des Kummers und des
Abschiedsleides vergaß er in genügender Weise zu
ziehen. Er hatte nicht bedacht, daß er keine freie Stunde für sich haben würde, und der Flor seiner seidenen
Hemden und Westen und Krawatten, seiner Kristall-
flakons und Perlenboutons lag noch herum. Das
war's! Auch fehlte ihm die Gewißheit eines Sleeping.
Der Zug galt als sehr besetzt. Das war es auch! Einmal
zu oft telephonierte er, Concitas Ungeduld nicht
berücksichtigend, an die Schlafwagengesellschaft,

einmal zu oft verriet er an ihrer Seite, was für Sorgen ihn von seinem Schmerz ablenkten, einmal zu oft gebrach es ihm an dem Takt des erhörten Liebhabers.

Da riß der Nebel, in dem sie ging. Sie erkannte, welch armseligem Strohkopf zu Ehren sie einen Mann wie Chiano preisgegeben hatte. Die Einsicht durchfuhr sie wie ein Dolch. Eine Furie erwachte in ihr. Es gab für sie nur Chiano. Chiano allein. Aus einer neuen Himmelsrichtung aufgejagt, spaltet eine Sturmflut ihr Gefühl und benahm ihr den Atem, und von plötzlicher Eifersucht überwältigt, spürte sie nicht, daß nur gekränkte Liebe sie stachelte. Nicht diese, Chiano beherrschte den Zenit. Chiano an ihrem Lager stehend, der Hesperas Erscheinung mit Blicken der Bewunderung überflog und der nicht mehr sie selbst, die mit Grazie den Spiegel hielt, sondern die eintretende Hespera betrachtete, nachträglich erst ward sie der Szene gewahr. – Was brauchte ein ganz armes Mädchen so raffiniert gekleidet zu gehen? Diese Schleife aus schwerstem Atlas auf dem lichten Stroh und das Kostüm, das ihr wie von einem ersten Schneider entworfen saß. Die Leute hatten doch wirklich recht, die sich über den Größenwahn dieser Familie lustig machten! So dachte zornerfüllt nicht die feine und gutartige, sondern eine von Wünschen und Begehren gehetzte, eine am Wollen erkrankte Concita. Bald wird sie den nichtigen Jüngling zurücksehnen, den sie im Augenblick verabscheut und in Ungnade entläßt. Betreten scheidet er von ihr. Aber den Sleeping sollte er noch bekommen.

Indessen waren Chiano und Hespera im frischen Tau

des Morgens nach Bozen gefahren. Als die Sonne stieg, drangen sie ins Sarntal ein. Dort wechselten Licht und Schatten, Hitze und Waldeshauch, den breiten Talferbach, der ihnen entgegenfloß, hatten sie immer zur Seite. Was eilte er so von diesen Tannen fort, sprudelte so über die mächtigen Steine hinweg, die auf seinem Grunde lasteten, als wollten sie ihn zurückhalten in seinem eigensten Reich; wie eine Mahnung, daß es niemals wieder so schön sein würde um ihn her. Aber frohlockend entfloh er diesem Wundertale und seiner überwältigenden und mit dem Himmelsblau so tief vermählten Ruhe.

Der Wagen, ein leichtes Gefährt, fuhr langsam voraus. Eine Zeitlang tauchte an einer neuen Biegung der lustige Hut am Kopfe des Pferdes auf, dann entschwand er ganz. Eingesponnen in der Festlichkeit, der wachen Träumerei dieses ersten südlichen Sommertages, zogen Chiano und Hespera ihres Weges, die festen Schritte des Mannes neben den leichten Schritten des Mädchens. Er erzählte ihr von Siebenbürgen, sie ihm von München, und beide liebten sie Wien. Sie waren guter Dinge; wohl fühlte Hespera, daß Chiano nicht desselben Friedens teilhaftig ging wie sie. Und mußte er da von Concita anfangen? Konnte er sie keinen Augenblick vergessen? »Gottlob, daß sie nicht mitgekommen ist! Und weißt du, daß ich nicht allzu überrascht wäre, wenn sie das Feld geräumt hätte, bis wir nach Hause kommen. Was sagst du übrigens zur Komödie, die sie uns heute morgen aufführte?«

»Nun, soll es eine Komödie gewesen sein«, wich sie aus.

»So laß doch endlich!« rief er.

Sie gingen eine Weile, ohne zu sprechen.

»Du hast etwas gegen mich, ich merke es schon lange«, sagte Hespera, um ein Schweigen zu brechen, das jeder Eintracht entbehrte.

»Ja«, sagte er mit Nachdruck. »Deine Art, für Concita Partei zu ergreifen wider deine Überzeugung, und obwohl du weißt, wie die Dinge liegen, und obwohl du siehst, wie gut die beiden zueinander passen.«

Hespera war drauf und dran zu fragen: Welche beiden?, sah aber, daß dies nicht länger anging.

»Beide von gleich schlechter Rasse«, fuhr er erbittert fort.

»Wem entginge das weniger als dir! Mehr Reiz und Firnis bei Concita. Aber das Niveau ist das gleiche.«

»Nicht das der Concita, die zu dir gehört. Nun, so wirf mich nicht gleich ins Wasser.« Er hatte mit scharfem Griff ihre Schulter gefaßt, dabei war sie abgerutscht und stand nun lachend mit einem Fuß in den Wellen.

Er half ihr heraus, bückte sich rasch, und den schmalen Schuh in seine Hände nehmend, zog er ein seidenes Tuch hervor und trocknete ihn. Aber halb abgewandt sagte er dann:

»Meine Ehre gilt dir nichts.«

Angstvoll, nur um etwas zu sagen, erwiderte sie: »Ich muß die meine bedenken.«

»Hespera«, sagte er ernst, »wozu dich länger verstellen. Du bist im Bilde. Concita hat mich freigegeben. An dich hat sie mich freigegeben; sie hat es dir gesagt. Ich weiß es von ihr selbst.«

»Aber dann müßte es noch einmal und wieder geschehen und nicht aus der Verstrickung heraus. Das hat keine Geltung! O Chiano«, rief sie und streckte ihm beide Hände entgegen, doch ohne ihm mit einem Schritt näher zu treten. »Dies ist nicht unser Tag!«

»Wie du willst«, erwiderte er. »Ich hole jetzt den Wagen. Es ist Zeit, daß wir umkehren.« Und als ertrüge er solche Gespräche oder ihre Nähe nicht mehr, entfernte er sich.

Wie angewurzelt war Hespera am Rande des Flüßchens stehengeblieben. Es bannte sie der Eindruck von Chianos Worten und mehr noch vielleicht das gesteigerte Leuchten des Tages. Die weißen Wolken, die hoch im Äther ein immerwährendes Spiel getrieben hatten, mächtig geballt, wie in Parade aufgerichtet, in ihrem Scheine schwelgend, einander jagend und wieder zerfließend, hingen jetzt still, und es war ein Eingehen der Stunde in Blässe und Gold, ein sich Umgolden des Grüns, der grünen Straße, der Felsen, kein Flimmern mehr, ein Sichergießen des Lichts, ein Ermatten der Luft, wie ein entzücktes Innehalten vor der nahenden Kühle. Hin zu dieser Welt, aber fort von ihrem Leben fühlte sich da Hespera sehnsüchtig gezogen. Sie konnte sich nicht geben, was sie nicht besaß. Sie war zum Kampfe nicht ausgerüstet. Hatte sie voreilig die Depesche verlangt? Als Chiano wieder vor ihr auftauchte, fuhr sie erschreckt zusammen, und es erhob sich ein Tumult in ihrem Innern. Sie hatte ihn nicht so schnell zurückerwartet. Fast lautlos war ihm der Wagen auf der grasigen Straße gefolgt. Den

Hut in der Hand, die Augen groß auf sie gerichtet, denn sie erschien ihm unvergleichlich schön, kam er langsam auf sie zu. Wies neuerdings Concitas Anmut so viel Talmi auf, oder hatte er es erst entdeckt? Die Frage beunruhigte ihn . . . Chiano litt unter dem chronischen Ansturm der mannigfachsten Erwägungen und Empfindungen, die allzu gleichzeitig sein Gemüt bedrängten, so daß wenig Ordnung in seinem Inneren herrschte. Gerade unter den sehr männlichen Männern finden sich nicht selten Naturen, die nicht allein bestehen und darauf angewiesen sind, daß man auf sie eingeht, damit sie mit sich selber fertig werden. Chiano gehörte zu ihnen. Wie klärend aber, wie beschwichtigend hatte Concitas Grazie, ihre kluge Weise auf ihn eingewirkt! Was für eine wunderbare Gefährtin war sie für ihn gewesen. Und daran dachte er jetzt. Und diese da – nie würde eine andere ihm helfen können, Concita zu vergessen.

In der Art, wie er ihr in den Wagen half, spürte Hespera seinen Groll. Was konnte sie tun? Kam sie dagegen an? Hochgestielter Fingerhut stand am Wege und neigte seine blauen Glockenröckchen den Wellen zu. Unwillkürlich deutete sie zu ihnen hin. Sie trug lange Handschuhe. Eine jede ihrer Bewegungen war eine Kostbarkeit! Eins mit den Elementen, man wußte nicht wie. Zutiefst von ihr gerührt, wandte ihr Chiano ein Lächeln zu, das mehr eine Grimasse war. Er legte ihr den Mantel um; denn es war kühler geworden. Die Fahne auf Runglstein wehte noch im Sonnenlicht, aber die Bäume dunkelten im Schatten, wie ergraut standen die Bänke und Tische im Hofe der Burg. Zu altern? dachte Hespera verwundert. Wie mußte das sein?

Doch neuer Glanz empfing sie in der weiten Talebene. Jede einzelne Zacke des Schlern sprühte Feuer und Gold ins Blau.

Bozen, am Morgen so laut und belebt, kauerte still und in sich gekehrt; in den Lauben lief die Nacht schon um, während noch auf lange Zeit silberne Helle die Berge um Meran umgab. Und in dieser Gegend schlug für Hesperas Gefühl das Innerste der deutschen Lande: denn blau und südlich sprach es zu ihr.

Ganz erloschen, in den Gassen wie auf den Höhen, war der Tag – und wessen Tag war es gewesen? –, als Chiano und Hespera ihrem Zuge entstiegen. Wie mochte es mittlerweile mit der angeblich Kranken stehen? Das war jetzt für beide die Frage.

Hespera jedenfalls sollte es nicht erfahren. Denn Concita – die sich ungemein elend fühlte – ließ sie diesen Abend nicht mehr vor. So blieb ihr auch das Schauspiel einer am Halse Chianos weinenden Concita entzogen, welche den Gedanken weit von sich wies, daß der ›Laffe von Attaché‹ das geringste für sie bedeute. Es war doch alles nur – und hatte Chiano es denn nicht durchschaut? –, weil Hespera, oh, er könne es nicht leugnen, ihn täglich stärker an sich zöge, und hier erfolgte ein neuer Ausbruch von Tränen. Wie unklar immer ihr Quell, flossen sie doch echt. Ja, Concita fiel auf ihren eigenen Schwindel herein, traf doch zur Stunde einiges von dem zu, was sie sagte. Morgen freilich, oder die nächsten Tage darauf, sollte sie sich um ebendiesen nichtigen Liebhaber härmen, der mit ein paar zärtlichen und beleidigten Briefen ihre Gunst zurückzugewinnen und um so gekränkter sich gebärden würde, als er zu neuen Taten sich bereiten durfte. Concita kompromittiert zu haben, berechtigte ihn – wie anders? – zu bemerkenswerten Eroberungen.

Hespera hatte sich auf ihr Zimmer begeben und kam nicht mehr zum Vorschein. Es widerstrebte ihr, Chiano heute noch einmal gegenüberzutreten. Sie fing an zu packen. Sie war überzeugt, daß Concita sie rufen oder sie aufsuchen würde. Doch nichts von beidem geschah. Mitternacht war vorüber. Ihre Schränke und Schubladen standen jetzt leer, ihr Inhalt häufte sich schön säuberlich in Hesperas Koffer.

Endlich lag sie auf ihrem Bette ausgestreckt im Scheine ihrer Lampe. Sie hielt ein Buch, doch ohne zu lesen. War der lange Tag im Freien, das viele Gehen und alles zusammen eine zu große Anstrengung für sie gewesen? Was auch kommen mochte, sie würde morgen nach Hause fahren. Die Depesche würde sicher schon in aller Frühe da sein. Um elf Uhr fuhr ihr Zug. Da sie bereit war, würde ihr Zeit bleiben, um den Chianos gegenüber ihre Abreise zu begründen und zu inszenieren. Das übrige . . . Sie löschte. Sie schloß die Augen. Und wieder brannte ihr Licht. Und eine Stunde um die andere verging. War sie zu erschöpft um einzuschlafen? – Ihre Abspannung jedenfalls, sie war es, sie trug die Schuld, daß sie sich ungewohnten Träumereien überließ.

Und so rollte denn für die müde Hespera der Tag zurück. Aufwärts floß er! Die Poesie des Tales, seine

Wildheit entfaltend, der Lauf des Flüßchens, die Felsen, als die Sonne ermattete, Chianos Worte und ihre eigenen, und wie er ihren Fuß in seine Hände nahm und dieser ihr Fuß in den Wellen; deren Klarheit, der Morgen im Walde, als sie ihre Fahrt begannen . . .

Liebte sie Chiano? Ach nein, so schnell fing sie nicht Feuer. Doch wie denkbar war ein Leben mit ihm! Eine Rettung, oder? . . . Hespera ist müde, sagten wir schon, und nicht nur von dem Ausflug und dem Packen. Sie ist auch müde von dem Leben, das zu Hause ihrer wartet, von ihrer Wiederkehr ins frühere Geleise. Wird diese Nacht ihr keinen Augenblick der Ruhe bringen? Ach, welches Hin und Her ihrer Gedanken . . .

Frau Lautenschlag der ewigen Ängste um ihre Töchter zu entheben, das wäre freilich etwas . . .

Ein Glück, daß sie sich Concita gegenüber nicht den Schatten eines Vorwurfs zu machen hat. Ihr Gewissen spricht sie frei . . . Gesetzt aber, sie verließe Chiano wirklich, und die beiden gingen auseinander sowieso, und der Dispens liefe ein . . .? Ah, wie erschöpft muß Hespera sein, daß sie sich auf Chianos Jacht, in seinem Schlosse sieht, in Gärten voller Blumen . . .

Man stelle sich Mathias, den Snob der Familie, angesichts eines solchen Umschwunges vor . . . Dabei hatte Chiano eine richtige Schwäche für ihn . . . »Bring den Mathias mit nach Siebenbürgen«, hatte er schon öfters gesagt . . .

Mathias zu Pferde!!

Es sollte sein Pferd haben und reiten lernen, das begehrliche Ding . . .

Mein Gott, und nun sieht Hespera gar das Haus aufstocken, damit sie endlich mehr Platz hatten daheim . . .

Drei Uhr hatte es schon vor einer Weile geschlagen. Bald würde sie wieder wie auf der Herfahrt von München die schönen Kirchtürme vorüberziehen sehen, die pfeilgleich dem Himmel zustrebten, gleichsam auf der Flucht zu ihm nach den Wolken zielend pfeilscharf im Unwetter standen, wenn es blitzte ringsumher, inmitten der dunklen Luft. Für keine noch so schöne Kuppel alter Kathedralen hätte sie diese spitz auslaufenden schwindlig hohen Türme hergegeben, die man in Tirol, Österreich und in Bayern sieht . . . dünn, wie die hauchdünne Substanz eines Kultes, dessen Ausdruck und Sinnbild sie waren . . . Was auch kommen mochte, sie würde heute fahren. Hatte sie die Depesche am Ende doch vorschnell verlangt? . . . Nein, o nein – alles trieb sie jetzt fort von hier. Und gut, daß sie mit allem fertig war. Sie brächte die Kraft nicht mehr auf. Ein bunter Foulard spannte sich schon zuoberst im großen Koffer aus. Nur das Kleid, das sie anziehen wollte, war draußen geblieben. War alles drin? Fehlte nichts? – – –

Ja doch, der Stramin, den sie bestickte. Den hatte sie im Salon vergessen und den goldenen Fingerhut und ihr Etui mit den Scheren und das Täschchen aus Stroh, das sie mit grüner Seide verlängert, mit allerlei Fächern bereichert und zu einer richtigen Tasche umgestaltet und verschönert hatte. Das alles mußte noch hinein, und dann konnte sie ebensogut abschließen, damit keine Hetze entstand. Ohnedies würde sich allerlei zusammendrängen, und Hespera pflegte die Dinge geruhsam vorzunehmen. Schlafen konnte sie doch nicht. So stand sie auf, betrat leise das Nebenzimmer und tastete nach dem Kontakt. Sie hatte das jetzt schon im Griff. Eigentlich wäre es nicht nötig gewesen. Sie wußte ja, wo die Sachen lagen, dort am Sofa bei der Türe, die zu Concita führte.

Und schon erbebte die Finsternis dieser Nacht und begann ihr zu entweichen. Wozu Licht? Und warum stockte Hesperas Herz? Seht ihr weißes, entsetztes Gesicht. Denn was für Laute dringen da zu ihr? Du bist hier fehl am Ort, junge Hespera! Keine Klagen sind diese gurrenden Laute, in die sich metallischer Singsang mischt; in ein halb erdrosseltes, halb an Agonie anklingendes Gelächter schlagen sie um, oh, und wie es den Ton hält, dies Lachen! – Alles still. Ein Kichern, ein Flüstern hat statt dessen eingesetzt. Denn nebenan im Dunkeln sind ihrer zwei, und sie sehen den erleuchteten Spalt an den Ritzen. Sie vermuten dich hier. Sie sehen nicht, wie entgeistert du stehst. Flieh, Mädchen!

Die Spitzen der Berge haben sich gerötet. Es ist ja Sommerszeit am Firmament; ein leichter Frühwind bauscht Hesperas Vorhänge auf. Schläft sie endlich, die ertappte Lauscherin? Sie ist so blaß im Dämmergrau, so unbeweglich!

Es war am gestrigen Tage alles zusammen ein bißchen viel für sie gewesen, wir sagten es schon. Mehr Robustheit freilich wäre am Platze für eine, die nichts besitzt. Es steht niemand der Bewußtlosen zu Dienste, feuchtet ihre Schläfen noch behorcht ihr Herz. Sich selbst überlassen, einsam, als ruhe sie schon in ihrem Sarge, liegt sie in dem sich erhellenden Raum. Alle Vögel sind rege, als Hespera aus einer schweren Ohnmacht erwacht. Wie steht's? Hat sie verspielt? In eine ungute und ungereimte Welt ist sie hineinversetzt. Dies vor allem hat sie die Nacht gelehrt.

Aber herrlich ist die Sonne wieder aufgegangen, und hier kommt das Telegramm. Es hätte schon gestern einlaufen können, doch die Kinder hatten sich am Postamt zu lange überlegt, ob sie dem Zimmerbrand nicht den Tod der Großmutter hinzufügen sollten. Gervaise war dafür, Mathias dagegen gewesen. Heute abend an der Bahn war es früh genug. Zimmerbrand *oder* Großmutter. Sie kannte sich sonst nicht mehr aus. Und so wurde es wie verabredet aufgesetzt. Concita, der es von Hespera um neun Uhr hinübergeschickt wurde, las es mit einem eigentümlichen Lächeln. Sie teilte es Chiano nicht mit, sondern bat ihn, unverweilt nach Oberbozen für sie zu fahren, die Hotels dort anzusehen, Zimmer zu bestellen. Der Arzt habe ihr gestern dringend eine Luftveränderung empfohlen.

Als er fort war, ließ sie Hespera bitten und vergaß sich so weit, die Kranke vor ihr zu mimen: sie könne nicht aufstehen, es ginge ihr besser, aber noch gar nicht gut. Und *müsse* Hespera denn gehen? Nein, aber wie abgründig schade! Was würde Chiano sagen, wenn er sie abends nicht mehr anträfe! Er war heute den ganzen Tag unterwegs. Chiano hätte nämlich genug von Meran. Im Vertrauen gesagt, er langweilte sich hier. Das käme bei ihm ganz plötzlich. So sei er nun mal – und Chiano hin, Chiano her, als sei nie ein anderer Name für sie gewesen.

Aber welche Concita war das, deren listiger Ausdruck immer wieder zu verstehen gab, daß sie wohl wisse, was eine Verräterin sei. –

»Leb wohl, Concita. Laß es dir gut gehen.«

»Du mußt versprechen, daß du uns besuchen wirst. Versprich! . . . Zu den Jagden, weißt du? Oder nachher, vielleicht? Denn der Trubel ist dann sehr groß.«

Nun war es an Hespera zu lächeln.

»Nachher, nachher«, sagte sie.

War dies Fräulein Lautenschlag denn nie klein zu kriegen?

»Am schönsten, du kämst mit auf die Jacht. Nun hat aber Chiano die Liste schon aufgestellt. Das besorgt er immer selbst, und es ist nur für wenig Gäste Raum.«

»Komm, komm«, lachte Hespera. Ihr Auge, so zart in der Textur, aber so starken Blickes, ruhte voll auf ihr. Und es sah die Zerrüttung.

»Du siehst angegriffen aus! Hast du schlecht geschlafen?« holte Concita aufs höchste gereizt zu einem neuen Schlage aus.

Der aber kam der anderen wie gerufen. »Ich habe gar nicht geschlafen«, erwiderte sie; »ich habe gepackt. Zuletzt nahm ich noch die paar Sachen von mir im Salon.«

»Wieso gepackt?« rief Concita schrill. »Die Depesche ist doch erst vorhin gekommen!«

Da setzte sich Hespera noch einen Augenblick zu ihr: »Manchmal hat man Eingebungen, nicht wahr, bevor noch eine Depesche eintrifft, die schon unterwegs ist. Und jetzt muß ich gehen. Laß dich umarmen.«

Concita fühlte sich geschlagen. »Du darfst nicht fort! Ich bin unglücklich!« rief sie aus.

Und wie damals inmitten der Rauchwolken ihres ausfahrenden Zuges streckt sie ihr die Arme entgegen wie aus einem brennenden Hause. Sie beschwört sie, zu bleiben, sie weiß nicht mehr, was sie selber wünscht. Mit aller Mühe macht Hespera sich in letzter Minute los. Seht die Leichtfüßige den Perron entlangfliehen und schnell einsteigen, während die Lokomotive sich schon in Bewegung setzt. Wie atmet sie auf, daß sie es noch schaffte. Am Fenster stehend sieht sie zu den Bergen hin, den göttlichen Kulissen dieses Landes, und läßt ihr Herz diesem Himmel.

Verlorenes Paradies

Eng umkreist von ihren Geschwistern stieg Hespera die schöngeschweifte Treppe ihres heimatlichen Hauses empor. Links lief die Rampe massiv und glatt, rechts ein Fenster, dessen oberste Scheiben die Strahlen der Sonne auffingen. Aber erst spät. Sie spielten dann auf den mittleren Stufen und auf dem Geländer. Und jederzeit war es hier kühl wie in einem Gewölbe. Aus der breiten Luke des Kellers schlug ein herrlicher Duft von Äpfeln, Weinfässern und Koniferen oder sonstigen Pflanzen, die vorübergehend dort lagerten, herauf, und oft war er so stark, daß man innehielt, ihn einzuatmen. So auch heute. Es tagte noch, aber im

Flur war es schon dunkel, und als Hespera ihr Zimmer betrat, sank ihr das Herz. Hing sie da nicht, die vertraute silberne Ampel, auf der Auer Dult so billig erstanden? Und fand sie es nicht gemütlich heute, morgen und auch übermorgen vielleicht, ganz unter sich zu sein? Herr Lautenschlag war seiner Frau nach Nancy entgegengefahren, so weit seine Freikarte ihn trug. Was sagte sie dazu, daß Otto nun doch sein Abitur bestanden hatte, wenn auch nur mit Ach und Krach natürlich. Und mußte sie nicht sehr lachen, als sie spät nachts – denn ließ man ihr früher Ruhe? – in ihrem schmalen Bett der Wand zurutschte, wie gewöhnlich, und Gervaise und Mathias sich darauf setzten, um durch ihr Gewicht die schiefe Ebene auszugleichen? War es nicht lustig, wieder da zu sein? Aber warum sie nicht besser aussähe? fragten sie empört. Hespera ließ sich von ihnen erzählen; sie selbst hielt sich bei Allgemeinheiten auf: den Annehmlichkeiten des elektrischen Lichts, eines eigenen weißgekachelten Bades, dem Wunder der Gegend.

Aber warum sie dann nicht besser aussähe? fingen sie wieder an. Weil sie so müde sei.

Da ließen sie sie endlich allein. Und nun wurde sie ganz und gar vom Gefühl ihrer Niederlage überkommen: einer Niederlage auf der ganzen Linie, symptomatisch für die Niederlage ihrer Familie. Als sei auch dieser nicht zu helfen. Als müsse ihr Schiff auf Grund gehen so oder so. Sie selbst, hatte sie falsch, hatte sie richtig gehandelt? Gleichviel.

Aber Schleier sammeln sich über ihrem Bewußtsein,

wie Nebel sich verdichten von allen Seiten über einem
See. Still – sie schläft.

Wäre sie noch in Meran, schliche sie *heute* nacht in den
kleinen Salon, das Täschchen zu holen aus geschmei-
digem Stroh, so findig mit grüner Seide ausstaffiert
und ergänzt, den goldenen Fingerhut, die Scheren:
andere Laute als gestern würde sie vernehmen; ein
hemmungsloses und unverkennbares Schluchzen
dränge aus dem anstoßenden Raume zu ihr.

Concita hat von neuem ihren Willen gehabt: desto
unfroher nur. Sie ist allein. Reuig gedenkt sie – nicht
Chianos –, und nicht er ist in ihren Augen der Betro-
gene, sondern der ferne Geliebte, dem sie schon auf-
hörte zu zürnen, dessen gestrige Haltung sie schon
entschuldigt, dessen letzte Worte ein nahes Wiedersehen festsetzten – wie gut er sie kannte! –, ob sie ihn
auch zurückstieß. Und Chiano?

Er hatte tagsüber die Oberbozener Hotels besichtigt
und sich, wie oft auch nur?, einen Esel und einen
Narren gescholten und Concitas Lachen verflucht,
jenes gemeine Lachen immer im Ohr, durch das er
sich vor Hespera kompromittiert und herabgezogen
fühlte, das keine Aussprache zuließ mit ihr; sie war
ihm entrissen, er zweifelte nicht daran.

Und eine finstere, von neuem ihm abgewandte Concita traf er bei seiner Rückkehr an. Sie teilte ihm mit,
daß Hespera abgereist sei; sie zeigte ihm die Depesche.
Weiter erfuhr er nichts. Ja, das Mädchen verstand es,
stillschweigend einen Bruch endgültig zu vollziehen.
Vorbei.

So manch trügerische Versöhnung aber würde er mit

Concita noch begehen, nicht die letzten verlogenen Zärtlichkeiten hatte er mit ihr getauscht. Eine jede würde zu noch tieferer Entfremdung führen, die Bestätigung ihrer verlorenen Gemeinschaft im Gefolge haben, den Keim einer neuen Hölle in sich tragen.

Erster Ball

Candidas Verlobung kam nicht so schnell zuwege wie die der Schwestern. Irgendeine Zelle in ihr war von dem verwünschten Umgang mit Lautenschlags betroffen. Hegt sie doch den absonderlichen Wunsch, daß der Mann ihrer Wahl vor allem auch bei dieser kritischen Familie einen begeisterten Anklang finde. Hartnäckig, wenngleich sie es niemals eingestünde, hielt sie daran fest.

Kurz vor dem Tode der internierten Großmutter hatte die Baronin James einen sogenannten Lämmersprung veranstaltet. Sie stand nur auf Grüßfuß mit den von Zwingers, ohne je einen Verkehr mit ihnen anzustreben. Es seien ihrer zu viele, erklärte sie: das Auftreten des Professors sei ihr zu geräuschvoll, Hedwig sei zu groß (sie habe die Räume nicht –), die kluge Dorothea passe viel besser in eine Aula, Gertrud vollends, wenn sie eine Verzierung im Haar trage, sähe aus, als könne man sie mit dem Strick herbeiziehen. Das war nichts für Frau von James. Infolge ihres Reichtums und ihrer Versippung mit dem bayrischen Adel fielen in den Kreisen, welche sie unterhielt, die von Zwingers, wie immer rechtschaffen, ab, und niemand legte dort Wert auf eine nähere Beziehung. Gewiß zu Unrecht. Doch warum es nicht einmal mit Candida versuchen, da sie nun allein war? Ein Lämmersprung verpflichtete zu nichts, und er konnte schon deshalb nichts anderes sein, weil Frau James in unbegreiflicher Schwäche auf das Erscheinen des noch nicht sechzehnjährigen Mathias pochte, deren Figur in letzter Zeit sich erstaunlich gebessert hatte. So kam denn aus dem lichtgrünen Musselin, mit ebensolchen Knöspchen eingewirkt und von Herrn Lautenschlag kürzlich aus London für sie mitgebracht, ihr erstes Ballkleid zustande. Auf ihr Drängen wurde auch Candida mit einer Einladung beehrt.

Stolz und froh fuhren Mathias und Gervaise in einer Droschke bei ihr vor, um sie zu holen. Denn das Zwingersche Haus lag auf dem Wege. Aber der Professor, der befehlshaberisch und ohne Hut unter dem Torbogen hin und her ging, hatte rasch den eigenen Wagen einspannen lassen. Mitnichten war er gewillt – und gab es deutlich zu spüren –, daß seine Candida auf Kosten dieser beiden unbemittelten Mädchen mitgenommen werde. Auf diesen Zwischenfall nicht vorbereitet, stiegen die zwei Balldamen, sehr begossen, um. Es war noch lichter Tag. Lämmersprünge wurden früh angesetzt, wie sich's gehörte. In dem von Herrn Lautenschlag angelegten Garten schmetterten die Amseln, Turmschwalben, die in der umlaubten Brandmauer des Nachbarhauses nisteten, die sie für einen Felsen hielten, flogen noch ein und aus. Späte Sonnenstrahlen verweilten auf den Rosenstauden, sie streiften den Rasen. Es waren heiße Tage gekommen:

wo die Schläuche auflagen, feuchteten sie die gelben Sandwege, und die Gärtner ließen Wassergarben in weiten Bogen erstrahlen. Hinter ihren Schleiern feuerten die Blumenbeete auf. Der Abend war die große Stunde dieses Gartens.

Gervaise und Mathias hielten à tempo davor an, als hätten sie ihn noch nie gesehen. »Wunderbar!« und »Herrlich!« riefen sie ums Mal. Nicht hatte es der Verabredung zwischen ihnen bedurft, und die unschuldige Candida mußte warten, bis sie Schluß machten mit ihren Ehrensalven. An sich war ihnen der Wagen des Professors schon recht, aber die Manier hatte sie empört. ›Käslaib‹ war zu milde, Mathias mußte was anderes finden.

Im Palais James strahlten die Lüster. Eine kleine Kapelle spielte hinter Oleandern. Candidas charmanter Kopf war von etwas hausbackenen Schultern getragen, wenigstens schien es so im Lichte der vielen silbernen Spiegel und mit all den Komtessen verglichen, die viel unbefangener hin und her huschten und, wenn auch billig, so doch gerne nach Pariser oder Wiener Journalen arbeiten ließen.

Die Feste der Frau James verliefen nach einem genauen Programm, sie sah vorher nach dem Rechten, waren sie aber im Gange, so kümmerte sie sich nicht mehr sehr viel um ihre Gäste, nein. Sie saß dann gerne in dem anstoßenden Boudoir, an ihrer Seite Oberst von Ried-Recours, der bei Gott nicht fehlen durfte und für welchen – es war kein Geheimnis – sowohl sie wie ihre zumeist in London lebende Schwester sich in unglücklicher Liebe verzehrten. Ried-Recours war der Typ des ewigen Verführers. Die Männer sagten ihm niederträchtige Dinge nach. Es machte ihm nichts aus. Von Herzen vergalt er ihnen die Antipathie. Wußte er sie doch Stümper zuallermeist auf dem Gebiete, in dem er Meister war. Weder zeitlich, noch national festzulegen, haftete ihm die weite Welt als dem Helden großer Liebesaffären an. Zuletzt eine jahrelange Beziehung mit einer Dame, die als die schönste ihrer Zeit gepriesen wurde, der plötzliche und mysteriöse Bruch mit ihr, bald darauf ihr tragisches Ende in Paris infolge eines Unglücksfalles.

Auch Ried-Recours hatte Havarien davongetragen. Zutiefst seinen Erlebnissen, seinen Erinnerungen zugewandt, suchte er nichts mehr, und gerade dies erhöhte seine Gefährlichkeit. Die edle Harmonie seiner Züge hätte man vergessen können, niemals aber den Glanz seiner Erscheinung, die Art, wie er eintrat, wie er ging, die Wendung seiner Gestalt. Wie die Moys, die Montgelas, die Montmartins, die Destouches, die La Rosées, die Lesuires, die De Rois, die Langlois, die Malaisés, die Ruffins, die Vallades, die Sainte Marie Église und so weiter, waren auch die Ried-Recours französischen Ursprungs. Als der Letzte seines Namens würde er sich am Ende wohl zu einer Heirat entschließen. Doch er ließ sich Zeit. Er war bestes und feinstes München (wie es schlimmstes und gröbstes gab), und von jener Ritterlichkeit, die nicht anerzogen oder als Firnis wie bei den meisten, sondern die einem Manne im Mark sitzen kann. Intellektuell keineswegs hervorragend, lag seine Überlegenheit in der subtilen Kenntnis der Frau. Und er hatte gelernt, sie zu schonen, keine zu kränken, da er wußte, wie tief sie ihm verfielen.

Laßt noch ein paar Jährchen hingehen, und Frau James wird ihm vielleicht selbst die Braut aussuchen! Seine Gegenwart ist ihr ganzes Glück. Ihm zuliebe geschieht hier alles. Mit allen Mitteln hat sie einen Verkehr mit seinen Kreisen durchgesetzt, den armen nun dahingegangenen Herrn James bewogen, unter schweren finanziellen Opfern eine Baronie zu kaufen: alles für Ried-Recours. Viel zu gerissen und gewandt, um es den anderen nicht leicht zu machen – Antisemitismus gab es in München keinen, aber eine Etikette, und ihre Placements bei Tische hätten viel Kopfzerbrechen verursacht –, empfängt sie bei sich mit Sicherheit und Pracht und schlägt ein für alle Male Einladungen aus. Auf diese Weise ist ihre Stellung erst recht eine unbestrittene geworden. Und sie hat's erreicht: nirgends fühlt Ried-Recours sich wohler als in diesem so kultivierten Hause, er unterhält sich mit niemandem lieber als mit dieser hochgezüchteten und intelligenten Jüdin. Sie trägt heute ein Kleid von Worth, eine kleine Tiara im entkräfteten Haar, die Gesichtsfarbe ist ungesund, das Ohr zu lang, die Büste schwer; nichts täuscht über ihre geschwundene Jugend hinweg. Anmut liegt nur in ihren Bewegungen, schön sind nur ihr Arm und ihre Hand. Sie hebt jetzt die Lorgnette, die Hand. Das Boudoir ist winzig, eigentlich faßt es nur zwei; ein dritter hütet sich hier einzudringen. Und sie tanzen da vorbei, all die Lämmer, in dem hellen, dem berüschten, dem mit Röschen bestickten Tüll, den gerafften, den von Schleifen gehaltenen Röckchen, und so manches Band weht im Kreise mit ihnen nach. Ah –, laßt sie tanzen, die Kinder, in keine schöne Zeit wachsen sie hinein, Kriegswitwen, verlassene Bräute werden es sein. Und diese schmucken, frohgemuten, wenn auch häufig verschuldeten Leutnants, welch grimmes Mannesalter steht ihnen bevor! Gezeichnete allesamt! So manchen trifft ein bitterlicher Tod hoch oben am Chemin des Dames. Seht, die drei Brüder La Rosée: sie fallen alle. Und dort den schönen jungen Adjutanten, biegsam wie eine Klinge, dunklen Haares, fast südlichen Typs, der immer wieder dasselbe wunderhübsche Mädchen in rosa Flor und rosa Atlasschühchen auffordert – – – bewundernd sehen Ried-Recours und die Baronin zu ihnen hin, denn ihr gleitendes Bild ist von der höchsten Eleganz. Und nur Geduld – ein Weilchen noch –, und die Eltern werden nachgeben: Verlobung, Hochzeit, eitel Glück, ein Söhnchen, ja, alles das wird sein!

Aber auch, daß sie, Arm in Arm und eng aneinander geschmiedet zwar, doch untadeligen Stiles wie immer, in den Münchener Straßen an einem heißen Abend des frühen August zum letztenmal zu sehen sind . . . Doch wie er starb, wird ihr verheimlicht! Am Stacheldraht verlassen hängend, den schönen Jünglingsleib zerfetzt, zum Himmel aufbrüllend, wie ein Stier verendend! bejammernswertes Opfer des nichtswürdigsten Krieges, den es auf Erden jemals gab. Fluch den Menschen, die bösen Willens sind! Noch ist eine Gnadenfrist gegeben. Die Hölle hat sich noch nicht aufgetan, und noch ist hier ein Volk auf dem Höhepunkt seines Glückes, verführbar wie kein zweites, das die Zeichen falsch vom Himmel liest. Politische Ahnungslosigkeit ist seine kapitale Schuld. Dafür wird es sich eines Tages in seiner besten Art negiert, mit Skorpionen gegeißelt sehen.

Laßt sie nach den Klängen der Donau auf das Leben hoffen, diese armen Lämmer, lächelnd von der Zukunft meinen, sie würde schön.

Im patenten Seidenkleide tanzt am Arme des Assessors Candida heran. Walzermusik sitzt ihr nicht im Blute. Wer aber vermißt sich da, die rhythmischen Kreise zu stören und dazwischen zu fahren? Die Baronin hebt wieder ihre Lorgnette. Sie schüttelt den Kopf. Es ist Mathias. Geschäftig wie ein Minister und mit großen Schritten hat sie den Saal durchquert, rennt gegen Candida an, wirft ihr die Worte zu: »Ein drittes Tascherl!« und ist entschlüpft, bevor das nächste Paar ihr gegen die Füße stolpert. Der Assessor ist so ungehalten, daß er nicht einmal fragt, was diese Parole heißen soll. Da aber erschallt das unkonventionelle und entzückende Lachen Candidas, und für den Augenblick ist alles davon behext.

Zu Anfang des Balles hat sie, eine Tasse Tee in Händen, neben Mathias gestanden, die ihre Beobachtungen anstellt und, sozusagen privatissime, die Parade der Geladenen abnimmt. Sie wettet, daß sie, ohne vorher eine bezügliche Frage an ihn zu richten, bei jedem ihrer Tänzer es ›herausmerken‹ wird, falls er ein Angehöriger der Konfession ist, mit deren Begründer, Martin Luther, sie nun einmal in Fehde steht. Trifft sie es richtig, so soll ihr, rät sie falsch, soll Candida eine der zur Zeit viel begehrten Brieftaschen aus geblümtem Karton gezollt werden. Zweimal war sie schon Siegerin geblieben, nun hat ein undefinierbares Etwas im Wesen des Assessors, als er eben an ihr vorüberdrehte, sie ohne weiteres überzeugt, daß er einer von der Gilde sein müsse. Die Entdeckung war zu wichtig, um nicht Candida per sofort zu verständigen.

Mittlerweile vernimmt heute Gervaise zu wiederholten Malen, daß sie das schönste Mädchen von München sei. In ihrem billigen Tarlatankleid, einen kostbaren Spitzenfächer ihrer Mutter zur Hand, steht sie umringt und gefeiert. Wer aber trägt sich mit ernsten Absichten? Es ist der blasse Assessor, auf dessen Kopf ein ›Tascherl‹ steht und der sich um Candida bemüht.

Abschied von Frau Lautenschlag

La vie est une sorte de mystère triste,
dont la foi seule a le secret
F. de Lamennais

Sie war wieder heimgekehrt, nachdem sie ihre Mutter an der Stätte ihrer Leiden begraben hatte. Inmitten der Ihren überkam sie jetzt zum ersten Male ein Gefühl der Fremdheit und des Exiles. Die Kinder fingen an, ihr zu entwachsen. Mit Hespera an der Spitze genügten sie einander. Ach, und sie sprachen unter sich vorwiegend Deutsch, diese schwere Sprache, die sie nie richtig erlernen würde. Doppelt empfand sie, durch die Abberufung Gérades, den Verlust ihres ›coin de France‹.

Dennoch bedurfte sie keines übermäßigen Aufgebotes ihrer seelischen Energien, um gegen die Melancholie dieses Sommers anzukämpfen. Ihre heroische Natur selbst war es, die mit erhöhtem Mute alsbald reagierte. In Wirklichkeit vermochten weder Mann noch Kinder noch die Musik noch Freundschaft noch Geselligkeit ihr Dasein ganz auszufüllen. Sie brauchte außerdem noch Wolken. Sie war der bei Französinnen selten vorkommende Typ einer Träumerin.

Ihr Spiegelschrank barg nicht nur ihre Schatullen, ihre Spitzen, gepolsterten Seidenschachteln und Sachets. Im obersten Fache stapelten sich viele Reihen kleiner schwarzer Hefte auf, von welchen immer je zwei in Gebrauch standen, eines als Tagebuch, das andere für ihre, ohne daß sie es wußte, manchmal recht pantheistischen religiösen Monologe. Beide Büchelchen, sowie ihre Schlüssel, verlor sie täglich mehrere Male, und ihre Töchter wurden dann ausgesandt sie zu finden. Besonders bei dem theologischen Heft ging ihnen diese chronische Suche auf die Nerven. Was die Aufzeichnungen täglicher Vorkommnisse betraf, so hatten sie als laufenden Faden Hymnen auf Gervaise. In ihr spürte Frau Valérie dieselbe elastische Ader heraus, dasselbe Rückgrat widrigen Konjunkturen gegenüber, dieselbe höhere Vernünftigkeit, die etwas von Eingebung hatte. Auch sie würde ihnen abgewinnen, was nur möglich war, und nie die Segel streichen, wo es galt, zu bestehen. So übernimmt der Sohn das Erbe des Vaters und überträgt es weiter.

Zwar hospitierte Frau Lautenschlag nicht nur, sie

lebte wirklich im Reich der Dinge, und sie war ungleich reicher gebildet als ihr Mann.

Wenn alles gesagt ist – als erstes und letztes die Mutter Hesperas. Durch das Unerhörte aber, das sie traf, größter Überwindungen teilhaft, zuletzt wer weiß wie fern enthoben.

Gervaise hatte als Kind einmal geträumt, sie sähe einen Mann unter die Haustüre treten, der ihrer Mutter ein Riesenmesser zwischen die Schultern stieß. Doch nicht genug. Als ein grauenhafter Schatten erfüllte er den Gang, den sie entlanglief, um zu entfliehen. In der Tat sollte eines Tages – noch ist es nicht so weit, wir greifen wieder vor – Krankheit sie wie mit einem Dolch hinstrecken. Doch nicht genug. Und schließlich ist es der Lauf der Welt, daß wir meist unter schweren Leiden von ihr gehen.

Ziemlich allen ist jenes monumentale Bild von Baldung Grien bekannt – man ist ganz überrascht, es im Original so klein im Format vorzufinden –, das eine junge Frau darstellt, welcher der Tod unversehens zur Seite tritt. Das wäre nichts. Aber das fürchterliche Gerinnen ihres Blutes zeigt, daß sie ihn sieht, während er sie faßt.

Im allgemeinen darf man hoffen, daß die meisten Menschen, ob sie ihm auch alle verfallen, von einem eigentlichen Bekanntwerden mit dem Tode verschont bleiben. Sie sterben, wenn man so sagen darf, in bescheidenem Maße, ihr Bewußtsein verdunkelt sich, es heißt dann, daß sie ›sanft entschlafen‹ sind, und auch das Wort von einem Todesengel geht.

Natürlich können es nicht die Ärzte sein, die auf dem

Gebiete, von dem wir sprechen, die meisten Erfahrungen sammeln. Ihr Platz ist dort, wo sie noch helfen können. Die junge, blumenzarte Schwester letzter Nächte aber, welche schaudernd die Pulse der Frau Lautenschlag behorchte, sie aber weiß! Sie mißt die Kräfte dieses Herzens, sie sieht, daß ihm kein Versagen, keine Flucht gewährt sein wird. Sie allein ist Zeuge. Und sie stört nicht den Wahn der Umstehenden, die eine Bewußtlose – pure et simple – vor sich zu haben glauben.

Die Uhren schlagen in den Zimmern. Man ist im Mai. Länger als bis zur Frühe kann der Kampf nicht mehr dauern, und die Nächte sind jetzt kurz. Doch nicht nach Stunden noch Sekunden läßt sich eine unverankerte und ungefugte, eine Zeit, die keine ist, beziffern, die, Schrecken aller Schrecken, nicht in kurz und lang zerfällt, noch Anfang oder Ende. Am Morgen liegt diese Tote wie hingeschleift, wie hingespült, wie seit Äonen von der Sonne, welche draußen den Lebendigen scheint, und vom Lärm der Straße vor dem Fenster getrennt. Die junge Schwester erkennt sie, die Stigmen: die Züge so nadelfein zugespitzt, die Seele ausgeblutet . . .

In der Halle draußen wird sie durch ein Versehen höher als die anderen Leichen des Tages, deren Ähnlichkeit schon anfängt zu verwischen, aufgebahrt. Sie aber, die halb Aufgerichtete, trägt noch das schwarze Siegel ihrer Agonie, ein Brandmal ohnegleichen, auf dem trostlos verlassenen, dem höchst erbarmungswürdigen, dem ach so geschwundenen, dem kleinen, unnennbar finsteren Gesicht.

Wir wollen so nicht von ihr Abschied nehmen. Sie war der lichten Seite des Lebens zugewandt. Wir erinnern an das schöne, ungedruckt gebliebene Lied, dessen dramatische Bewegtheit den Beifall ihrer Töchter erntete und ihr so viel Freude eintrug.

Candida

Der blasse Assessor hatte um Candida angehalten. Aber sie konnte sich zu keinem Jawort entschließen, weil er Gervaise und Mathias nicht gefiel. Mußten sie den Spitznamen ›Biersuppe‹ für ihn prägen? Andere Freier meldeten sich – immer greifen wir ja in diesem Buche vor –, und es sollte sich noch länger dasselbe unerfreuliche Spiel wiederholen; Candida zögerte, sie lief zu Lautenschlags, um die Mädchen zu befragen. Jetzt zeigte es sich, daß sie nicht ganz grundlos von Frau von Zwinger kleine Schlangen genannt worden waren. Ganz arglos zwar hatten sie Candida, die nur einen Mann wollte, der vor ihnen Gnade fand, um ihre Unbefangenheit gebracht. Sie sagte es nicht, und die beiden merkten nichts. Wäre Candida mit der Mitteilung zu ihnen gekommen: »Ich habe mich mit dem Assessor verlobt. Was sagt ihr dazu?« sie hätten wie aus einer Kehle gerufen: »Er ist entzückend!« Aber Candida umging solche pragmatischen Sanktionen und streckte *vorher* ihre Fühler aus. Sie hielt es so, seitdem sie einmal in einem neuen Hut vor Gervaise und Mathias hingetreten war: »Wie findet ihr ihn?« – »Oh! wunderhübsch! reizend!« hatten sie zur

Antwort gegeben. – »Dann brauche ich ihn also nicht umzutauschen«, meinte Candida froh. – »Ach so, du darfst ihn umtauschen?« fragte Gervaise gedehnt.

»Tu's schnell«, platzte Mathias heraus. »Scheußlich ist er.« Sie waren der Meinung, man dürfe nachträglich, und wenn es zu spät sei, niemandem etwas verleiden. Sie logen dann viel lieber. Fand einer Gefallen an einem häßlichen Schlips, wozu ihn beunruhigen? Sie ahnten den Eindruck nicht, den die Geschichte mit dem Hute in Candida hinterließ. Und so kam es bei ihr in der Tat zu einer ›Korbflechterei‹, wie der Professor es in Gegenwart der Betroffenen so glücklich formuliert hatte. Dr. Brockenbach, den jungen Assistenzarzt in seinem Kinderspital, hätte er gerne als seinen Schwiegersohn gesehen. Seine Referenzen, seine Aussichten waren die besten. Warum wollte Candida ihn nicht? Hatte Mathias nichts Besseres über ihn zu sagen gewußt, als daß er selber aussähe wie der Genius der Masern? Und sollte Candida vorliebnehmen mit einem Mann, der aussah wie der Genius der Masern? Gewiß nicht und nimmermehr!

Nur wurde sie, von Korb zu Korb, statt freier und selbstbewußter, nur unsicherer und unglücklicher, bis den beiden ein Licht aufging und sie bestürzt und ruhig beschlossen, Candida gegenüber die allergrößte Vorsicht zu üben.

Lautenschlags waren wieder vollzählig beisammen, wenn auch im tiefsten Schwarz. Frau von James, welche die praktische Seite des Lebens nie aus den Augen verlor, fragte Hespera im Vertrauen, ob denn eine Erbschaft in irgendwelchem Belange vorhanden sei. Dies allein hätte nach ihrem Dafürhalten – die Verstorbene hoch in Ehren – einen solchen Aufwand an Trauerstoffen gerechtfertigt.

Nein, es war nichts da. Die Hinterlassenschaft der Großmutter hatte gerade zum Ankauf einer Grabstätte gereicht. Hespera, die ein paar Fähnchen besaß und mit Geschick zurechtrichtete, war ja auch der Meinung, daß man sich in recht unnötige Ausgaben gestürzt hatte. Was brauchte besonders Mathias im solennen Trauerkleide zur Schule zu gehen? Ein Kreppflor an ihrer blauen Jacke hätte vollkommen genügt. Und dabei war der so naheliegende Gedanke, den Pomp zu umgehen, nicht einmal Herrn Lautenschlag gekommen, der für ihn haftbar sein würde. Doch als die Rechnungen einliefen, und manche sogleich, denn die Hausschneiderin pflegte keinen Tag zu warten, gebärdete er sich wie ein Verzweifelter. Immer mit den Armen in der Luft fuchtelnd, kam er allen Überredungsversuchen zuvor. Hespera drückte sich, einer Einladung folgend, nach Bad Kreuth. Sie hatte eine Erholung sehr nötig und mußte sich für die geplanten Partien stählen. Hierfür war die Kasse voll. Mathias hatte kürzlich ihren Taufbecher und das Besteck verklopft: jetzt ging nichts mehr hinein.

Es war schon nicht mehr schön, wie es indes bei Lautenschlags zuging. Gervaise hatte zuletzt die Regie übernommen, doch ihre Künste verfingen nicht. Herr Lautenschlag blieb fest. So kam es zu einer Riesenszene, einem Zusammenbruch aller Beteiligten.

Erschöpft hatte Frau Lautenschlag sich in ihr Zimmer zurückgezogen und auch vor ihren Töchtern abgeschlossen, wie tapfer sie immer ihr zur Seite gestanden waren. Insgeheim hielt sie es doch mit ihrem Gatten und fand, daß er es nicht leicht hatte, so viele Lasten zu tragen. Am Fenster stehend, erblickte sie ihn, wie er, das Weite suchend, durch den Hof zum Tore schritt; immer gleich schlanken Wuchses, die Zeichnung der Schultern unverändert edel, aber die Züge schon recht verfurcht und im Begriff zu verholzen.

Bald nach ihm verließen auch Gervaise und Mathias das Haus. Sie hatten beide nichts zu Mittag gegessen und wollten etwas Tröstliches zum Tee besorgen, ein wenig Schinken oder ›Leonie‹. Doch es war ja Freitag. Hungrig und verweint wie sie waren, begaben sie sich also zum Konditor.

Dort saß, gleich am Eingang, ein Herr, der, als er sie gewahrte, schnell seine Zeitung in die Höhe hob, um nicht gesehen zu werden. Zu spät. Gervaise hatte ihn schon erkannt. Leise hinter ihn tretend, faßte sie mit zwei Fingern das Blatt, das er hielt, und hob es von ihm weg. Es war Herr Lautenschlag. Alles schien mit einem Male nur halb so schlimm. Rings umher entstand Verwunderung über die immer neu losbrechende Heiterkeit der drei. Und kein Wort über Geld während ihres Waffenstillstandes. Mathias beschaffte

Schnecken und Giraffekuchen und beglich auch den Kaffee ihres Vaters.

Tags darauf stand man – wie anders? – wieder mitten im Gefecht. Gervaise gab ihre sämtlichen Varieté-nummern zum besten, mit beweglichen Predigten als Einlagen. Herr Lautenschlag aber stellte sich taub. Selbst daß sie als Pater Odilo das Kirchenschiff ein-herschritt, sich in den Beichtstuhl einließ und entsetz-lich gelangweilt ein seidenes Tuch entfaltete, führte zu nichts. Wohl lachte Herr Lautenschlag, wandte sich aber gleichzeitig der Türe zu. Doch Gervaise kam ihm zuvor. Blitzschnell zerknüllte sie ihr Hütchen zu einer Mütze, setzte sie auf, pflanzte sich ein Spazierstöck-chen unter den Arm, hielt es dicht ans Kinn und kam als Oberst Lisignolo von der Parade zurück. »Grüß dich Gott, Cherveß« – denn so sprach er ihren Namen aus –, »Grüß dich Gott, Cherveß«, sagte sie und winkte im Vorübergehen patern und gnädig mit der Hand. »Ist alles wohl zu Hause? Grüß dich Gott, Cherveß.« Da schüttelte sich Herr Lautenschlag und widerstand nicht länger. Seine abgegriffene Börse hervorziehend, legte er einige Goldstücke hin und verfügte sich dann, nicht etwa bedrückt, nein, son-dern erleichtert, in sein Bureau.

Juni und Juli zogen gänzlich verregnet ins Land. Der August brach schwül und unter täglichen Gewittern an. Erst um die Mitte des Monats erstrahlte eine gereinigte Luft, und es setzte ein herrlicher Nachsom-mer ein.

Da wußte Hespera, daß sie nicht länger inmitten der Kreuther Berge, seinem Waldesring und seinen Wal-

desstraßen, die sie so sehr liebte, verweilen durfte. Die
Familie rüstete sich nunmehr zum kurzen jährlichen
Landaufenthalt, den Herr Lautenschlag, ob er stets
auch selbst in München blieb, ihr nie verweigerte. Die
Wahl fiel heuer auf Lenggries. Von dort aus also
würden die Partien unternommen werden.
Hespera fand bei ihrer Rückkehr die Kulissen im
Hause Lautenschlag ganz leise nach der Seite der
Hoffnung und der Freude hin verschoben. Aber sie
fühlte sich tief beunruhigt, sie erschrak, sie roch
Schwefel, als sie mit dem Manne bekannt wurde,
welcher die gehobene Stimmung veranlaßte.

Lucifer

Nur Mathias drängte zur Abfahrt. Trotz des schönen
Wetters und des vorgeschrittenen Augusts hatte Frau
Lautenschlag es nicht eilig, so wenig wie Gervaise, ob
diese es auch niemals eingestanden hätte. Sie war mit
der Fabrikation von Lampenschirmen beschäftigt, die,
mit einer weiten Seidenschleife angetan, besonders
abends zu sehr flotter Geltung kamen. Sie zeigte sich
auch Meisterin im Backen kleiner Raritäten und
wußte nach einem Rezept der Großmutter in der
rechten Sekunde aus dem heißen Ofen eine sogenann-
te ›Galette‹ zu ziehen, der ein wahrhaft herzstärkender
Duft voranwehte, wenn sie in ihrer schmelzenden
Kruste auf dem Teetisch prangte. Um die Teestunde
nämlich erschien seit kurzem jeden zweiten oder dritten Tag Herr Francis Lhombre zu Besuch.

Er fuhr mit immer neuen Musikalien an, transponierte mühelos die schwierigsten Lieder und transponierte
Orchesterstücke für zwei Klaviere. Ihm zu Ehren war
das kleine Instrument aus Hesperas Schlafboudoir
dem Flügel zur Seite gerückt worden. Erst achtund-
zwanzig Jahre alt, wirkte Lhombre durch seine unge-
meine Sicherheit reif und irgendwie robust. Von
ziemlicher Höhe, die Schultern ein wenig fallend und
nicht eben breit, aber äußerst geschmeidig, war seine
Gestalt an sich nicht außerordentlich, wurde aber
gehoben, nahm, da keinerlei Mißverhältnis bestand,
an der wunderbaren Ebenmäßigkeit der Züge teil. Sie
hatten die festliche Glätte, die Ruhe und die Meiße-
lung einer Plastik: das Auge dunkel und großmächtig,
die Pupille voll wie eine Riesenkirsche, nicht ohne
gelegentliche Starrheit, ein leises Schielen sogar.
Nominell war Herr Lhombre, der alle Prüfungen für
eine diplomatische Laufbahn bestanden hatte, im Auftrag einer Pariser Zeitung gekommen, um Berichte
heimzuschicken, welche dann in einem Buche ›De
l'Allemagne musicale‹ herauskommen sollten.
Münchens Hoftheater, seine Mustervorstellungen
waren damals von einer außerordentlichen Anzie-
hungskraft. Wenige Jahre, und es würde wieder seinen Rang einbüßen. So gewiß ist stets das Wirken der
einzelnen Persönlichkeit für das Niveau, auch der
größten Städte, ausschlaggebend.
Dem jungen Lhombre war also eine sehr ehrende
Aufgabe zuteil geworden. Dennoch war sie nur ein
Vorwand, und es winkten ihm ganz andere Lorbeeren
als die des simplen Journalisten. Sein Gönner, einer

der mächtigsten Männer am Quai d'Orsay, wünschte seine politische Begabung auf die Probe zu stellen. Lhombre hatte sich auf einem Ozeandampfer mit einem dem Thron sehr nahestehenden preußischen Prinzen von besonderen Neigungen angefreundet, der nach München gezogen war. Diese Beziehung sollte ausgestaltet und im Hinblick bester Informationen verwertet werden. Der Gesandte war angewiesen, ihn überall aufs beste einzuführen, ohne der Bindung einen offiziellen Anstrich zu verleihen. So kam es, daß Lhombre sehr bald in höfischen Kreisen weit öfter zu sehen war als in der Musikwelt, der angeblich sein einziges Interesse galt. Und wer hätte sich besser für die ihm zugedachte Rolle eignen können?

In zweifachem Lichte zu gehen, eine Doppelexistenz zu führen, Vertrauen einzuflößen, selbst immer nur halb sich mitteilend, aber die eine Seite seines Wesens jeweils als dessen Gesamtheit ausgebend, die Tugend feiernd, während er dem Laster frönte, dies war seine höchste Lust, eine Mischung von Wahrheit und Täuschung der Kern seiner Natur: und sie war echt, die fast schmerzlich rege Wahrnehmung aller Dinge, welche seine marmornen und dabei so mobilen Züge kündete. Einer Sensibilität von seltenen Graden entnahm sein Lächeln die leidenschaftliche Melancholie. Sie sänftigte die Starrheit seines Auges, sie löste das leise Schielen, das wie ein rätselhafter Kritzer seinen Blick beschrieb. Dies bestrickende Lächeln spiegelte Güte, Esprit, Affekte, Gefühl. Und er gewährte dem Spiel. Voll geheimer Gier rief er das Feuer der Herzen auf, die ihm zuflogen, derweil er keines hatte, in deren

Widerschein er in der eigenen tief bewußten Kälte schwelgte: Pyromane, Dämon, Narziß.

Lhombre war kein Ungeheuer. Aber eine so leichtgläubige, so naive und dabei so wehrlose Familie wie die der Lautenschlags mußte den Sadismus in ihm reizen und ihn locken, sie zu verderben.

Wir vermessen uns nicht, in seine letzten Tiefen und Verantwortlichkeiten einzudringen. Möglich, daß ihn der Wunsch beseelte, durch seine Ziele die Verschlungenheit seiner Wege zu heiligen, seinem Lande wirkliche Dienste zu erweisen, mag sein, daß er sich stets vorbehielt, anders zu handeln, als er handelte. Wer kennt einen Menschen ganz? Was ahnt er selbst von seiner unerforschlichen Genealogie? Wieviel kann er von ihren geheimen Schlichen, ihren Verstrickungen erspüren, vor allem: was kann er wittern, von den Häusern, den edlen wie den gemeinen, die ihn entsandten, denen er entstammt? Und warum mußte das Tun des Herrn Lhombre weder seinem reichen Wissen noch seinen beachtlichen Erkenntnissen, sondern, wie das des Tieres, seinen Instinkten unterstehen?

Der oberflächliche Beobachter hätte glauben können, daß er nur Frau Lautenschlags wegen kam, er widmete sich fast ausschließlich ihr, kaum, daß er je das Wort an Gervaise richtete. Dennoch ließ er durchblicken, daß sie der Magnet war, daß sie ihn anzog und entzückte. Und wohl hielt er sie ihn so stark im Banne, daß er sie keinem anderen Manne gönnte. Aber Liebe? Es war nicht Liebe, was er bei aller Hingerissenheit für sie hegte. Er liebte nichts, und die Frau am allerwenigsten.

Wußte Frau Lautenschlag von jener anderen Seite des Lebens, die noch verfemt im Dunkel lagerte? Berühmte Autoren hatten sie noch nicht ans Tageslicht gezogen oder gar vertreten. Der Weltkrieg stand noch aus. Noch hätte keiner von der Gilde sich zu ihr bekannt. Vielmehr sah er sich, ständig bedroht, zu allerlei Verstellungskünsten genötigt, war völlig difamiert, wenn er entdeckt wurde. Nichts in Lhombres Gebaren deutete auch nur von ferne darauf hin, daß er ihr angehörte. Das Kapitel – bald sollte es sich ändern – stand noch nicht zur Diskussion. Mit Lautenschlags hatte er's leicht. Wer von ihnen dachte an Derartiges? Mathias freilich, der ewig fürwitzige, der für Land und Volk der Griechen sehr eingenommene Mathias, hatte über Knabenliebe gelesen und fand sie sehr spannend und interessant. Jetzt ging sie ja noch ins Institut, aber später würde sie der Welt schon zeigen, daß sie für kein ›fades Aufblicken zum Manne, als wäre sie weniger als er‹ zu haben sei, sondern selber ihren Mann stellen, ja, und wie Sokrates den Alkibiades, die Männer lieben würde: dies war Päderastie. Was sonst? Sie weiß alles. Laßt sie.

Ja, hier schlug er sein Zelt auf, der Herr Lhombre, und dieses Zelt, es war ein Pavillon, in dessen Schutz er seine Intimität mit dem Prinzen immer enger wob.

Es gefiel seiner Eifersucht, bei Lautenschlags als strenger Moralist aufzutreten, und am liebsten hätte er Gervaise mit hohen Mauern umgeben. Ihrer Nachahmungskunst spendete er keinerlei Beifall, und kein zweites Mal trat sie ihm, ein grünes Jägerhütel schief aufs Auge gedrückt, ein Stöckchen unterm Kinn, als der pensionierte Oberst Lisignolo entgegen. Finster starrte und schielte er sie dafür an, daß es schon nicht mehr schön war. Aber Duette übte er gerne mit ihr, in seinem schönen Bariton sang er ihr mit Nachdruck Liebeslieder zu, und dann schimmerte sein Auge von aller Sehnsucht nach dem Glück und der Geborgenheit, die ein Mann an der Seite eines Mädchens wie Gervaise finden würde. Als er eines Tages Candida antraf, sprach er sich begeistert über ihr eingezogenes und unschuldiges Wesen aus. Man könnte sie allein bis ans Ende der Welt gehen lassen, so lieblich ist sie, bemerkte er zu Frau Lautenschlag. Mathias hatte nichts Eiligeres zu tun, als noch am selben Abend zu Zwingers zu laufen, damit Candida gleich erführe, wie reizend Lhombre sie gefunden habe.

Candida aber? . . . solche Männer also, dachte Candida, gab es nicht nur; sie gingen bei Lautenschlags täglich ein und aus, und sie selbst? – – Sie sollte mit dem Dr. Brockenbach fürliebnehmen, von dem man hier sagte, daß er aussähe wie der Genius der Masern: Nochmals nein! und nimmermehr! Hespera dagegen – als Hespera von Bad Kreuth zurückkehrte und Lhombre sie zum erstenmal erblickte, erschrak auch er. Denn die war ihm gewachsen, und die paßte ihm hier nicht; die hatte hier nichts zu schaffen, die sollte wieder gehen, und er beschloß, sie zu vertreiben, die vielen heimlichen und imponderabeln Künste, über die er verfügte, aufzurufen, und ihr entging das Flakkern, der kleine Nebenglanz, das infernale Schleierchen nicht, das seine Iris überzog.

An diesem Tage sagte Francis Lhombre im Tone einer

vertraulichen Eröffnung zu Frau Lautenschlag, er müsse Karriere machen, um seiner künftigen Gattin einen ihrer würdigen Lebensrahmen zu schaffen. Sie nahm diese Worte, wie erwartet, als eine bindende Erklärung auf und hätte es von da ab als eine Felonie empfunden, Lhombres ehrliche Absichten in Zweifel zu ziehen.

Auch die Baronin James hat ihre schöne Tegernseer Villa heuer noch nicht bezogen. In dem Gartensälchen mit den weiten, verschiebbaren Glastüren verbringt sie den größten Teil des Tages, ihre Rosen, die hier in Gruppen, in Reihen, hochstämmig, in niedrigen Büschen ihre Düfte verströmen, sowie die herrlich gepflegten Wege dicht vor Augen, die zwischen den Bäumen in unabsehbaren Perspektiven zu verlaufen scheinen, und zur Linken die Blumenbeete, deren Farben auch hinter Regenschleiern glühen.

Ried-Recours, der morgen früh um drei Uhr unter klingendem Spiel zu den Manövern reiten wird, sitzt an ihrer Seite, und die beiden unterhalten sich über Lautenschlags; das Gerücht von einer Verlobung Lhombres mit Gervaise ist auch zu ihnen gelangt, aber Frau von James zeigt sich skeptisch und besorgt. Sie weiß von einem Flirt, den er vor Jahresfrist in Dinard mit einer schönen Dame unterhielt. Tag für Tag hatte er sie da, in Abwesenheit ihres Mannes, besucht, sie umworben, sie endlich so weit gebracht, daß sie Heim und Kinder im Stich ließ, um ihm zu folgen. Diesen Moment nahm er wahr, sich mit unerhörtem Geschick zurückzuziehen, sich gleichsam zerstäubend: er wußte von nichts; er war es nicht gewesen; er trat eine Ozeanreise an.

Alles ging in den feinsten Formen vor sich. Zum Unglück hielt der Gatte einen voreiligen Abschiedsbrief in Händen und nahm die Betörte, die nicht einmal untreu Gewordene, nicht mehr auf.

Was hatte den jungen Lhombre zu einer so unbegreiflichen Grausamkeit vermocht?

Es war nicht Gleichgültigkeit noch Kälte – wir deuteten schon darauf hin –, es war ein unauslöschliches Ressentiment, das sein Tun der Frau gegenüber bestimmte. Ob sie lauter oder liederlich, schwer oder leicht verführbar war, auch die Unschuldigste sollte ihm vergelten, was ihm durch die Verderbtheit der einen widerfahren war.

Wäre Herr Lhombre ein Teppichhändler oder Töpfer aus Tausendundeiner Nacht gewesen, dem einer, vor allen Kunden, das Schimpfwort ›Sohn einer Hure‹ zugerufen hätte, so daß die Sache bis vor den Kadi gekommen und dieser willig gewesen wäre, die Sühne des Verleumders, sowie das Recht der ehrbaren Eltern zu betreiben, so hätten die Nachforschungen nichts zu deren Genugtuung, sondern nur den Triumph des Beleidigers ergeben. Als ein wunderschöner Jüngling saß Francis Lhombre eines Tages über seinen Büchern, als aus dem Nebenraum urplötzlich ein fürchterliches Weibergeschrei erscholl und eine unsagbar gemeine Stimme seiner Mutter Dinge aus ihrer Vergangenheit unter so drastischen Ausdrücken entgegenschleuderte, daß er zur Türe stürzte, ihr zur Seite zu eilen, ehe sie noch die Dienerschaft alarmieren konnte. Aber wieviel größer war sein Entsetzen, als da ein unheimliches Geflüster, beschwichtigendes Flehen von seiten der gestrengen Frau Lhombre zu ihm drang, das ihn an der Schwelle zurückhielt und wie versteinert horchen ließ.

Eine so infame Kreatur durfte sie also duzen, unter Hohngelächter sich auf eine gemeinsam verbrachte Jugend berufen, und was für eine Jugend! Und sie, seine eigene Mutter, beängstigt flüsterte sie nur? Wohl brachte sie es fertig, daß sie verstummten, die Zurufe, ja, daß sie umschlugen in Dankesbezeigungen und das Versprechen, ›nie etwas zu sagen‹. Zu spät. Das Mißgeschick des Sohnes hatte ihn zum Zeugen dessen gemacht, was er nie ahnen sollte, was übrigens niemand in Paris vermutete.

Wenn der Teufel mit einem Manne nichts mehr anzufangen weiß, unternimmt er in Gestalt einer verfänglichen Eva einen letzten Versuch.

Die Toulouserin La Cascadette, wie sie in dem Hause genannt wurde, in dem sie mit einer Anzahl gleichgeschalteter Gefährtinnen lebte, lehnte am offenen Fenster, als gerade der nicht mehr junge Herr Arsène Lhombre, ein angesehener Pariser Notar, des Weges kam. In einer Erbschaftsangelegenheit berufen und im Begriffe wieder heimzufahren, hatte er seinen Zug versäumt, und dem einsamen Abend, der vor ihm lag, nach der Spannung des Tages nicht gewachsen, erwiderte er das Lächeln, das ihm von der Schönen gespendet wurde. Drei Tage später ergriff diese in Nacht und Nebel die Flucht. Es war schon lange ihr Vorhaben gewesen. Betroffen starrte Herr Lhombre senior sie an, als sie plötzlich vor ihm stand. Aber sie war gerissener als er. Ein Jahr später war sie seine Frau.

Kameliendamen erlebten damals ihre Hochkonjunktur. Freilich stand La Cascadette, ob sie auch den Typ einer Marguerite Gautier äußerlich nicht übel verkörperte, sozial auf einer noch beträchtlich tieferen Stufe, und weit entfernt, an Schwindsucht dahinzusterben, ließ sie sich nicht ohne Absicht nachträglich sehr gehen, wurde die vierschrötige, gestrenge Madame Lhombre, die auch der kundigste Toulouser nicht mehr identifiziert hätte. Außerdem: Toulouse lag ferne.

Wie oft sehen wir, daß nicht die feinen, nicht die wertvollen, vielmehr grobbesaitete und nichtswürdige Frauen von ihren Männern verwöhnt werden und ritterliche Rücksichtnahme von ihnen erfahren. Es war nicht sehr erstaunlich, daß Herr Lhombre das Zeichen gab für die Hochachtung, den Respekt, der seiner Gattin zuteil wurde. Verblüffte sie ihn doch immer wieder durch ihre Kunst zu vergessen, ja, ganz und gar nicht mehr zu wissen, wer sie gewesen war, und faszinierte ihn doch geradezu ihre bombensichere Art, über die Dinge abzusprechen und an seiner Tafel zu präsidieren. Die anderen folgten seinem Beispiel! Herr Lhombre war reich, und seine Beziehungen waren von den besten. Welches Interesse hatte man schon, der Herkunft dieser reizlosen Madame Lhombre nachzuforschen, bei der man so vorzüglich dinierte? Immerhin machte es ja Eindruck, mit welchem Nachdruck sie sich beschwerte, daß jeder Portierssohn es heute bis zum Diplomaten bringen könne. Es war die Karriere unter allen, die sie für ihren Sohn anstrebte. Nur ihre Sympathie mit dem Hause Orléans reimte sich damit nicht ganz, und daß sie gerne zugestand: ›Je suis légitimiste.‹ Doch ihr Ehrgeiz machte Herrn Lhombre Spaß. Gewichtigen Schrittes, ein schweres Missale in der Hand, sah man sie am Sonntag in die Messe gehen, nicht in irgendeine natürlich, sondern eine späte, vielbesuchte, der Madeleine oder St. Clothilde; und immer nahm sie den kleinen Francis mit. Viel zu berechnend, um eine zärtliche Mutter zu sein, imponierte sie doch auch dem Sohne durch ihren Anstand und den Ernst ihrer Grundsätze.

Und nun eine solche Entdeckung!

Der Aufruhr in seinem Inneren kam einer kosmischen Umwälzung gleich: wie plötzlich Inseln emportauchen oder verschwinden, Felsen sich aufwerfen, wo Gewässer hinflossen, völlig neue Landschaften entstehen, so trat der stolze junge Lhombre als ein völlig anderer von jener Türe zurück, schon eins geworden mit der Lüge eines Lebens, deren Dreistigkeit er an sich riß, in deren Doppelschein er nun selber ging, bis er sich voll wilder Trauer darin gefiel. So vollendete er seine Studien, blieb im Hause, ein Meister der Verstellungskunst, so lange er das Geld und die Konnexionen seines Vaters noch brauchte, den er einbegriff in seinen Haß dafür, daß er ihm eine solche Mutter beschert hatte. Und jede Frau sollte ihm die Schmach vergelten, die immer in ihm brannte. Ja, auch Gervaise, das schönste junge Mädchen der Stadt, das er geliebt hätte, wäre sein Herz nicht verschüttet

146

worden, und diese Frau Lautenschlag, deren unver-
wüstliche Arglosigkeit und deren Träumerei nur
Hohn in ihm entfesselten. Hespera aber gedachte er
wegzufegen von hier, denn hier war *sein* Feld, und sie
gehörte ihm, diese Familie, in deren Mitte er den
Baum errichten wollte, dessen Scheinblüten alle narren und nasführen würden.

»Ich habe Hespera zu mir gebeten«, sagte die Baronin
zu Ried-Recours. »Sie muß gewarnt werden. Wo sie
nur bleibt?«
Da nahten ihre Schritte. Sie trat hinter der großen
Blaufichte hervor. Keineswegs eilig, obwohl verspätet; und sie dachte sich schon, warum die Baronin so
dringend nach ihr verlangte. Aber sie war heute nicht
im mindesten gewillt, die Probleme ihres Hauses zu
erörtern.
Das Dickicht entzog sie noch einmal den Blicken,
während sie sich näherte. Riesenäste reichten fast bis
zur Erde, eine Blutbuche entfaltete sich weit. Dann
sah man wieder den Saum eines Kleides, zwei Füße im
Schatten des Gezweiges. Welch ein Gang! Wer vergaß
ihn je. War sie denn möglich, diese o gänzlich unein-
studierte Vollkommenheit des Gebarens? »Wir pak-
ken«, kündete sie an, »und welch ein Aufbruch! Es ist
der des Laban mit seinen siebzig Schafen«, und sie ließ
sich nieder. Ried-Recours, von einer sonderbaren Melancholie angewandelt, wie so oft, wenn sein Auge auf
ihr verweilte, rückte ihren Stuhl den Rosen zu; sie
dankte, sie lachte, aber sie war sehr blaß. Bald ließ er
die beiden allein.

»Ich muß auch gleich wieder gehen«, seufzte Hespera. Man verfuhr mit ihr durchaus nicht nach Belieben, und die Baronin fühlte ihre Abwehr heraus. Wozu übrigens sie beunruhigen? Was drängte? So nahm sie ihr nur das Versprechen ab, auf einer der geplanten Fußtouren auch Tegernsee zu berühren und sie zu besuchen.

Paradies

Das Landhaus ›Zur Sommerfrisch‹ stand als letztes am Rande des weiten Dorfes, in nächster Nähe des Schlosses Hohenburg, seines Sees, seines Parkes, der schon wild und gebirgig verlief. Frau Lautenschlag hatte es unter Vormundschaft ihrer Töchter gemietet, die es nur als eine Tankstelle betrachteten, wie man heute, da Motorräder und Autos die Fußtouren so buchstäblich aus dem Wege räumten, sagen würde. Man kennt den Rausch der Schnelligkeit im Fahren wie im Fliegen, den des Gehens kaum noch vom Hörensagen. Nicht umsonst gibt es aber den Gott, der mit Flügeln an den Fersen dargestellt wird. Der schreitende Fuß kann sich in der Tat beschwingen, daß es den Wanderer emporreißt, ob er auch schon halb taub vor Müdigkeit dahinzieht. Für die Kinder waren ihre Touren der Höhepunkt des ganzen Jahres. Wenn es zu Ende lief, wurden schon die Vollmondzeiten des nächsten Sommers ausgerechnet und der Hundertjährige Kalender nach den Wetteraussichten befragt. Nachtmärsche waren das Schönste: über sie ging nichts. Ihnen zuliebe hatte man im Spätherbst und Winter gewürfelt, Poker und Mariage, im Frühling Krocket gespielt; alles nur in die eine Kasse hinein. Und wohin wollte man sich heuer wenden, wie viele Berge besteigen und ihre Kanten entlanglaufen, her und wieder hin, am Blick in die Tiefen sich erlabend, ob man schon taumelte vor Erschöpfung? Man mußte sich ja beeilen dieses Jahr.

Die Rucksäcke waren bald gepackt, in dem Ottos staken Teller, Tassen, Bestecke, ein Kocher, Tee, Zucker, Kaffee, Würste, Brot und sämtliche Stiefel der Damen, wobei er nur über die des Mathias murrte. Die Mädchen trugen ihre leichten Schuhe, Wäsche, Handschuhe, Schleier, Blusen und je ein Feierkleid, sowie Tauchnitzbände, die nichts wogen. Nie wurde der Auszug bei Tage gehalten. Für einen so feierlichen Moment schickte sich die frühe Dämmerung oder besser noch der Abend, wenn alles Gold erlosch, wenn erste Silberstrahlen auf der Isar präludierten, ein Schattenreich erstand, die Straßen, in Blässe verzückt, einliefen in die Schwärze der Wälder, der ›Scharfreiter‹ sich reckte und, gleichsam von der Welt zurückgezogen, in seinen Glanz eintrat. Dann mußte Frau Lautenschlag gewärtig sein, daß in der nächsten Minute das Haus leerstehen würde. Und man hätte glauben können, daß sie ihre Töchter in ein Schreckensland entließ, so angstvoll waren ihre Mahnungen zur Vorsicht. Sie hätte dieses Mal so gern die gefügigste von ihnen, Gervaise, zurückbehalten; lag doch ein Brief des Herrn Lhombre vor, der seinen Besuch in Aussicht stellte, zwar ohne ein Datum anzugeben. Die ›Partien‹, von welchen er natürlich gehört hatte, waren ihm ein Dorn im Auge. Statt daran teilzunehmen, sollte Gervaise lieber, seines Kommens harrend, an ihn denken, derweil er nicht kam und mit dem Gedanken nur spielte. Doch wie hätte sie es mit dem Hohn, der unsäglichen Verachtung ihrer Geschwister aufgenommen, wenn sie zurückgeblieben wäre? So fest stand Lhombres Macht noch nicht, der Zauber der Streifzüge war noch um vieles stärker als seine Magnetismen.

Die Kinder schwingen ihre Bergstöcke, aber sie bleiben auf der ebenen Landstraße am Ufer der Isar, die hier schon breit und gewichtig strömt, ob sie auch noch umbraust ist von den sprühenden Schleiern, dem kalten Hauch der Klüfte und Klammen, welchen sie entsprang. Nichts konnte herrlicher sein als ihr früher Lauf.

»Wie ordinär ist alles bei Tag, verglichen mit jetzt!« schrie Mathias und stürmte voran. So sehr aber die Schönheit der Natur es ist, welche die vier an sich reißt, so ist sie es doch nie, die ihren Gesprächsstoff bildet. Ottos Lieblingsthema ist das Geld, die Goldminen und die Diamantengruben in Transvaal, und was das wäre, wenn man ganze Säcke voll zum Verkitschen hätte, und was er damit täte.

Gervaise? Nun, ihre Gedanken gehen heimlich hin und wieder in die Irre, und bald, sehr bald, glaubt Mathias, werden jetzt zwei Freier erster Ordnung für ihre Schwestern antreten. Nur diese eine Möglichkeit gab es. Was Hespera dachte, wußte man nicht so leicht. Aber nie gab sie ein Zeichen von Müdigkeit, sie trat zarter, aber nicht minder straff als Gervaise und

Mathias auf, und wohl zogen sie alle im Hochgefühl der gegenwärtigen Freude hin, lebten sie ihr doch die elf übrigen Monate des Jahres entgegen. Allein daß sie im Paradiese waren, nein, dies sagte auch Hespera sich nicht. Und wie wäre sie nicht die letzte gewesen es zu wissen, sie, die paradiesische Figur, ohne welche kein Paradies gewesen wäre? Erst als es verloren, der Weg zu ihm auf ewig unauffindbar war, nur die Erinnerung blieb, gingen den drei anderen die Augen auf.

Mit der erblassenden Nacht waren auch die Mädchen ermattet, doch war der nächste Wald zu erreichen, bevor man rastete; Otto hielt sie durch den Erlös seiner Diamanten munter: ein Pfiff, und schon würden zwei Kaleschen aus dem Dickicht vorfahren, und man schmisse die Rucksäcke hinein. »Avanti, avanti!« herrschte er Kutscher und Lakaien an. Er besaß die Gabe, Hespera zu unterhalten, und sah es immer darauf ab. An Phantasie gebrach es ihm ja nicht. Fröstelnd kampierte man endlich um ein Feuer, kochte Tee und erwartete so die ersten Sonnenstrahlen. Ein Grenzjäger, der des Weges kam, glaubte zu träumen, als er die absonderlichen Wesen so gelagert fand. Aber prompt wurde ihm die nahe Quelle bedeutet und daß man wohl verstehe, mit brennenden Zweigen und Hölzern umzugehen, um jeder Gefahr vorzubeugen. Der Schlaf kam erst in Frage am frühen Nachmittag, in der Mulde eines Berges, eine Almhütte in Sicht, beim Erwachen den aufgehenden Mond wieder vor Augen.

»Und wann kommt unser Rebekkerl heuer zu Tisch?«
sagte der Herzog, kaum hatte Frau von James sich in
die Liste eingetragen, die im Tegernseer Schlosse für
die Besucher auflag.

Diese Frage stellte er alljährlich, und die Einladung
pflegte in aller Bälde zu ergehen. Es geschah immer
nur einmal. Die Baronin gab dann ihrerseits einen
pompösen Tee, worauf man bis zum nächsten Sommer auf den Grüßfuß zurückfiel. Es wurde aber Wert
darauf gelegt, sie nicht etwa mit dem Referendar oder
sonstigen Notabilitäten des Ortes, sondern mit den
standesherrlichen Familien zu bitten, deren es mehrere
in Egern und Tegernsee gab, und ihr als Fremden
– ihr Mann war Holländer gewesen – einen ehrenvol-
len Platz an der Tafel auszuklügeln. Sie erschien in
ihrer berühmten Tiara, längst nicht mehr schön, die
Büste schwer, aber jeder Zoll eine taktvolle und ge-
wandte Dame von Welt.

Tegernsee stand damals als gesellschaftlicher Mittelpunkt in seinem Zenit. Vom Sängerschlößl bis hinein
nach Kreuth wogte ein Jahrmarkt der Eitelkeit, ein
Hin und Her von Fürstlichkeiten, Diplomaten, von
berühmten Tenören, die ihre Lederhose, ihre Joppe
mit den Hirschgranteln, ihr Jägerhütel mit den Gams-
bärten ablegten, um, falls sie, einer Laune folgend,
nicht doch zuletzt absagten, bei einer Wohltätigkeits-
vorstellung gratis eine Arie zu singen. Das Bauern-
theater spielte volkstümliche Stücke, wobei nicht
fehlen durfte, daß man zur Freude von jung und alt,
Einheimischen und Fremden die ›Preißen‹ verulkte.
Der Himmel lachte über das frohe Treiben hin, und

der blaue See würde gleich heiter erglänzen, die Linien der Berge gleich rein sich hinziehen, wenn ringsumher, an den Ufern, in den Tälern, sich alles verändern und verfinstern würde.

Wer indes nicht erster Klasse fahren konnte, tat schon besser, sich in die dritte zu setzen, denn die zweite starrte hier von Lakaien, Kurieren, Kammerdienern und Zofen. Von den Equipagen war der Viererzug des Grafen D . . . am feschesten. Die braunen Pferde, das blaue Gefährt hoben sich von der waldigen Straße, dem Strande, den Höhen so zierlich wie prächtig ab. Lhombre hatte, wenn auch sehr verschalt, die Folie des Grandeurs seiner Mutter geerbt, und Tegernsee war sein Fall. Wer fuhr schon nach dem bescheidenen Lenggries, außer den Gästen auf Schloß Hohenburg, und zu ihnen gehörte er nicht. Dafür feierten ihn der russische Gesandte und die Viscountess Dough. Es war auch schon was.

Lady Dough hatte in der Villa Schorschl zwei ganze Etagen gemietet, und Schorschl, ein heimlicher Wilderer, feierte den Glücksfall in Permanenz, indem er mit Lisei und Misei schuhplattelte und Maßkrüge und Gläschen in der Runde zahlte, auf das Wohl und die Wiederkehr der Lady in der nächsten ›Seisong‹. An sich imponierten all die titulierten Herrschaften, schon weil ihrer zu viele waren, den Tegernseern gar nicht; jene trieben ihre Snobismen ganz unter sich. Das Vorkriegs-Bayern war vielleicht das demokratischste Land, das es je geben wird. Es war das wenigst unterwürfige. Man konnte Redensarten wie die folgende hören:

»Is d'Urach heier no net da?«

»Jessas, da kimmt scho d'Sophie, und ihr Radl is no net gflickt.«

»Dees is net d'Sophie, dees is d'Elisabeth.«

»D'Sophie is's, wenn i sag.«

Aus so familiärer Benennung der angestammten Prinzessinnen sprach dabei so viel Anhänglichkeit, daß man sich eines Tages wundern sollte, wie wenig sie den Ereignissen standhielt. Allein der zermalmende Krieg, was schlug er nicht hin, was mähte er nicht nieder? Und er ließ den Geistern nicht Zeit, sich wieder aufzurichten.

Ach, Bayern war nicht nur das heiterste, es war auch das ahnungsloseste aller Länder. Die Briefmarke mit dem bayrischen Wappen war außer Kurs geraten, man durfte nur mehr mit dem Kopf des Regenten frankieren. Doch die alte war schöner, es traten die Maler zusammen, und man protestierte. Solche Sorgen hatte man noch.

Tegernsee strahlt; helle Hüte, bunte Farben sind Mode, man trägt auch weiße Füchse zu Kleidern aus Flor.

Nur Herr Lautenschlag im verlassenen Haus trägt düstere Ahnungen in seine Notizbücher ein; allerlei Kreuze, Anfangsbuchstaben und Zeichen, deren Sinn nur er allein versteht. Er langweilt sich; Frau James und der Gesandte sind fort, zum Glück hat er bei den Benediktinern seine grandes und petites entrées, und mit dem Prior von Sankt Ottilien kann er sich offen über Bismarck aussprechen. Wes Geistes Kind der war, hatte er ja im Kulturkampf zutage gelegt. Am Samstag hält es ihn nicht länger, und er fährt nach

Lenggries. Zwar führt er das Geld für die Miete bei sich, doch hat er nicht die Absicht, es ohne weiteres locker zu lassen.

Leider entbehren solche Kämpfe mit Frau Lautenschlag allein der Humoristik. So konnte es nicht fehlen, daß Reibereien zwischen dem Ehepaar entstanden. Ohnedies über die Abwesenheit der Kinder verdrossen, läßt er das gefürchtete Wort von den ›Rêverien‹ fallen. Frau Lautenschlag, die sich auf seine Späße nicht versteht, fragt ihn, ob sie Herrn Lhombre für einen Elenden halten solle. Herr Lautenschlag nennt ihn einen ›Gischpel‹, und gereizt, weil sie das Wort nicht aussprechen kann, behält sie die tragische Note bei. Er könne es wohl nicht erwarten, die kaum achtzehnjährige Gervaise aus dem Hause zu haben. Nein, bei Gott. Der Gedanke war ihm schrecklich. Der größere Träumer war ja bei weitem er.

Und mittlerweile hängen seine Töchter an den Abhängen, wie wilde Ziegen. Die letzte Nacht wurde in ›Hagen im Walde‹ verbracht, weil dort ein wunderbares Gasthaus, vom Mondlicht wie von einem Wind durchfegt, in einer Lichtung stand; dann bestiegen sie von Achenkirchen aus den Schildenstein, und am vierten Abend liefen sie den Blauberg entlang und trieben Tauschhandel auf den Almen; es waren ihrer zwei, ziemlich weit voneinander entfernt. Gegen Fleisch, das hier oben so hoch gewertet wird, gab es einen Bauernschmarren, sie spendeten Kaffee, dafür wurde er mit der Milch für sie gekocht, nur für die heißen Schmalznudeln frisch von der prasselnden Pfanne weg zahlten sie zehn Pfennig das Stück.

155

Wieder war der Mond aufgegangen, doch die letzte Fülle besaß er nicht mehr. Ein Föhn trieb flockige Wölkchen am Himmel. Er glühte noch über den Alpen.

Von der Lust des Wanderns, des vielen Gehens, der Leichtheit der hohen Luft strahlten die ausgekühlten Gesichter, selbst das des Mathias war wie emailliert. Ja, sie waren im Paradiese. Paradiesisch war selbst die Müdigkeit, in der sie jetzt einer dritten Alm zutrieben, von der sie gehört hatten, sie stehe leer. Ei, und wie schmuck! Verschlossen zwar, denn sie gehörte dem Herzog in Tegernsee. Was bedachten sich die Kinder lang? Wenn auch nicht die Türe, so brachte Otto doch sehr schnell ein Fenster auf. Bald setzten sie sich wieder draußen auf die Bank, damit ihnen nichts von dem Schauspiel entginge. Der Achensee, die Tiefen, die Hänge, die Firnen, sogar die Schatten, die Schwärzen waren in Silber gelöst.

Hespera wollte den Abstieg von der anderen Seite vornehmen, um über Kreuth, wie versprochen, die Baronin James zu besuchen. Die Sonne schien am nächsten Morgen auch auf den Bergen brennend heiß. Im Zickzack stürzte der Pfad zur Königsalp hinab, die, schon für Ausflügler eingerichtet, einen Ausschank, richtige Fremdenzimmerchen aufwies. Dort warfen sich die Mädchen in ihre schönen Kleider. Hier begann wieder die gesittete Welt.

Aber die herrliche Natur kehrte sich nicht daran. Stumm und dennoch tausendstimmig war das süße Blau durchzittert, wie bereit, sich zu vertonen. Ekstase war's, umgürtet von den Waldeskränzen, die,

gleich einer Göttin, Moos, Gestein und Tannen
rührte. Selbst ein Raubvogel, der hoch im Äther
langsam kreiste, hatte teil an ihr, bevor er niederschoß
zur Erde.

Das bißchen Wein war den Kindern zu Kopf gestie-
gen. Sie trappten dahin, sie lachten wohl, aber keins
sprach mehr ein Wort.

>>Frischauf Kameraa-den
Aufs Pferd, aufs Pferd<<,

feuerte Otto sie an. Es war Sonntag. Auf dem Kreuther Plateau bimmelte das Glöckchen der kleinen Kirche zur Messe. Sie traten ein. Sie wurden angestaunt.
Sie waren das gewohnt. Seltsam, daß gerade Hespera
dazu neigte, sich ein Ideechen auffällig zu kleiden. Die
kühne Schweifung eines Hutrandes, ein ungewöhnli-
cher Foulard: »Da habt ihr's!« schienen sie bei ihr den
Neugierigen zuzuwerfen.

Für unsere Bergsteiger war es indes kein Jux, von
Kreuth aus weiterzumarschieren. Sie nahmen den
Stellwagen nach Egern. Dort setzte eine Fähre für fünf
Pfennig pro Kopf ihre Passagiere nach Tegernsee
über.

Die Vorbeigehenden

Lady Dough hatte Sparkling Moselle zu ihrem Lunch
servieren lassen und saß jetzt mit Lhombre auf dem
Balkon der Villa Schorschl. Sie trug ein blaues Lei-
nenkleid; ein blauer Sonnenschirm mit zahlreichen
Volants schützte ihren zarten Teint vor der Sonne.

Jeden Satz, den sie sprach, leitete sie mit einem hoch-
modischen Geknarze ein, schluckte Endsilben, sagte
putty statt pretty, wandte allem, was unter dem Begriff ›early Victorian‹ ging, ihre Verachtung zu und
war Edwardisch mit einer Inbrunst, als würde diesem
vorläufig ›letzten Wort‹ kein weiteres mehr folgen.
Sie hatte es auf einen Flirt mit Lhombre angelegt, der
es kommen sah und nichts tat, sie zu entmutigen. Dies
kam bei ihm erst zuletzt. Die freche und unverfrorene
Wesensart der Frau Lhombre fand im Gebaren ihres
Sohnes ein Korrektiv; die Sicherheit seines Auftretens
war manchmal von einer fast verwirrenden Grazie,
und Schlagfertigkeit saß als ein Pfeil mehr in seinem
Köcher. ›He is such a dear‹, sagte Lady Dough von
ihm aus.
Da fuhr ein dunkler Blitz über seine Züge: Hespera,
Gervaise und Mathias kamen mit Otto am Hause
vorbei. Man hörte sie lachen. Sie gingen dem Ufer zu.
Sie sahen ihn. Er grüßte kalt und wandte sich ab.
»Wer sind«, rief Lady Dough, »diese entzückenden
Geschöpfe?«
»Münchnerinnen«, erwiderte er.
Er schielt ja, dachte sie.
Ein einziger Blick auf die vier, und der Eindruck ihres
Frohsinns, ihres Übermutes, ihres völligen Sichgenü-
gens war wie ein Sturm über ihn hingegangen. Wel-
chen Ring sie bildeten, die Waghalsigen! Sie hatten
noch zu lernen, wohin es führt, sein Sach auf nichts zu
stellen in einer Welt wie dieser. Ha! die Beschwingt-
heit der Mädchen! Würden sie so unbeschwert dahin-
gehen, wenn sie die Töchter wären von La Cascadet-

te? Hier saß er, der Stachel des Neides und der Hölle
. . . Lhombre war erblaßt bis in die Lippen. So heftig
erglühten noch die Nerven seines erstarrenden
Herzens.

Lady Dough war eine Dienerin des Tages. Sie hatte es
gerne, wenn man sie ›flippant‹ nannte, denn das gehörte zum Edwardisch-sein, aber sie besaß viel natürliche Klugheit, sie kannte die Männer, sie durchschaute, daß bei diesem hier etwas nicht stimmte, sie sagte
von ihm nicht mehr ›He is a dear‹; ihrem Plaudertone,
dem Geplätscher ihrer Worte konnte Lhombre nicht
anmerken, daß ein Argwohn in ihr aufgestiegen und
daß hier die erste Frau war, die sich vor ihm in acht
nehmen würde.

Die Wellen flimmerten vor den Augen der Kinder,
während sie in der brütenden Mittagshitze warteten,
daß es der alten Bootsfrau beliebe, sie überzusetzen.
Da half kein ›Avanti, avanti‹. Zwar standen auch am
gegenüberliegenden Ufer ungeduldige Passagiere;
aber erst, als sie sich gemehrt hatten, griff sie endlich
zu den Rudern.

Indes hielt die überaus pünktliche Baronin James auf
dem Altan ihrer hochgelegenen Besitzung schon
lange Umschau, ob das Quartett sich noch nicht vor
ihrem Tore zeige. Sie hatte Kaffee mit Krapfen und
Prussiens sowie Gefrorenes mit Hohlhippen – (auf
Preußisch-deutsch: Berliner Pfannkuchen und
Schweinsohren sowie Eis mit Waffeln) in Bereitschaft; erst wenn es wieder von dannen ziehen würde,
sollte der Guglhupf mit dem Schokoladenguß in vier

Teile geschnitten, ein gebratenes Huhn und eine Rotweinflasche in Ottos Rucksack gesteckt werden. Niemand war ja von all den Freuden, Späßen und Verwegenheiten der Kinder so eingenommen, niemand wurde aber auch von unseren Landstreichern lieber ins Vertrauen gezogen, als die Baronin James. Sie fühlte sich zu ihren Nichten nicht entfernt so innig hingezogen wie zu diesen Mädchen, die, man mußte es wohl sagen, in ihren Umrissen an frühgotische Gestalten erinnerten und deren so unvermischt abendländische Beschaffenheit sie ihrerseits empfänglich machte für die heimliche Attraktion, die geistige Spannung, die nun einmal zwischen unvermischt morgenländischer und unvermischt abendländischer Wesensart auf der Lauer liegt. Das bedeutendste Merkmal der Frau James, wie der meisten Juden von überragendem Typ, war die Entschiedenheit ihres Qualitätsgefühls[*]. Es kamen bei ihr der starke reale Sinn, die große Gegenständlichkeit hinzu, die Hespera so kurzweilig anmuteten.

»Wir sind gestern nacht eingebrochen«, verkündete Mathias. »Am Ende kommt's sogar zu einem Prozeß, dann müssen wir alle schwören. Nächstes Jahr bre-

---

[*] Vom Tage an, da die Juden im geistigen Leben zu Einfluß gelangten, machten sich in der gefährdeten Existenz des Künstlers gewisse Chancen fühlbar, daß er nicht mit einer Mühsal wie bisher, die subjektiv gesehen nur zu oft einem Auf-der-Strecke-Bleiben gleichkam, sich durchzuringen hatte; mit anderen Worten und retrospektiv gesehen: daß ein Hölderlin vielleicht davor bewahrt geblieben wäre, den armen Hauslehrer zu spielen, Franz Schubert vielleicht nicht so jung und als ein derart armer Teufel gestorben wäre. Wie dem auch sei: wir sind heute in Deutschland eine kleine Schar von Christen, die sich ihrer Dankesschuld dem Judentum gegenüber bewußt bleibt. (Dieser Roman entstand 1934 in der Emigration.)

chen wir wieder ein.« Von dem starken Kaffee wurde sie immer aufgeregter.

Aber die Baronin zog Hespera auf den Balkon. »Was ist mit Lhombre?« fragte sie leise. – »Er sitzt in Egern, was ihn nicht hindert, zu uns im Anmarsch zu bleiben«, sagte Hespera, der nicht entgangen war, daß Gervaise bei seinem Anblick errötet und wie tief sie gleich darauf erblaßt war. Sie vernahm nun die Episode der schönen Dame in Dinard.

»Deine Mutter muß gewarnt werden.«

»Lieber nicht.«

»Soll ich deinen Vater alarmieren?«

»Es gäbe nur Unfrieden. Wir hängen nun einmal in der Luft. Da sind uns schwebende Situationen konform. Die einzige Hoffnung wäre eine Versetzung, und daß er bald fertig wird mit seiner ›Allemagne musicale‹. Aber auch dies, fürchte ich, zieht sich noch in die Länge.«

Die andere ließ nicht ab: »Dein Wort gilt doch im Hause!« rief sie.

»Hesperus im Abnehmen«, sagte Hespera. Sie warf einen Blick auf den Schildenstein, der am Rande des Horizontes das Tal, ja eine Welt abschloß. Ihm lief die lange, beseelte Kante des Blauberges zu, die sie gestern entlanggelaufen waren. Hinauf zu ihr! Zurück in das Gebirge! »Wir kommen nicht über den ›Bauern in der Au‹ hinaus, wenn wir nicht aufbrechen«, mahnte sie die Geschwister, und alsbald wurde herzlich und stürmisch Abschied genommen. Vor der Villa des Grafen D. gab es ein neues Intermezzo. Vier braune Pferde stampften mit ihren zierlichen Füßen, aber im

Augenblick der Abfahrt grollte der Donner, leise, in weiter Ferne zwar, man beratschlagte jedoch, ob statt in die Valepp nicht lieber in die Richtung Holzkirchen zu kutschieren wäre. Unterhaltungen über das Wetter pflegten mit großer Intensität geführt zu werden, dies brachte der Viererzug mit. Die Dame des Hauses war voll Anmut, aber keine Freundin von Gewittern. Sie ging ans Gitter, um nach dem Wetterwinkel zu spähen. Da kamen gerade die vier mit ihren Bergstöcken daher. Man rief ihnen zu, rief sie heran, sie mußten erzählen, woher sie kamen und wohin sie zogen. Mangel an Neugier, an Interesse für den Nächsten, ob man ihn auch nur flüchtig kannte, lag nicht im Charakter dieser Familie. Mathias erzählte natürlich gleich die Geschichte von dem Einbruch. Fand sie hier wenig Anklang damit, so rührten und entzückten Hespera und Gervaise, aber Mathias war es, der nun drängte: »Wir kommen nicht mehr über den ›Bauern in der Au‹ hinaus.« Ihre Ungeduld führte zu einer befriedigenden Lösung in Sachen der vier Pferde: sollten sie doch die Kinder nach Wiessee bringen, so schnell stand kein Umschlag in Aussicht; bis sie zurückliefen, würde man sehen.

So rollten unsere Landstreicher plötzlich vierspännig dahin. Es war ihnen damit ein großer Vorsprung gegeben, eine ganze Stunde Weges erspart. Otto, an seinen unförmlichen Rucksack gelehnt, hatte den Arm in photographischer Pose aufgestützt. Gervaise warf jedem Fußgänger – weil er doch nur zu Fuß ging – Blicke zu, die von Verachtung sprühten, das wunderschöne Gesicht in immer wildere Grimassen gelegt. Hespera kam nicht aus dem Lachen, und Mathias platzte bei jedem Vorübergehenden aus. Sie hielt ihren Hut mit beiden Händen; Hespera hatte ihn für sie gesteckt. Seine braunen Bänder flatterten im Winde. Der Anblick der tollen Gesellschaft, in ihrer ihm so entrückten Heiterkeit, blieb Herrn Lhombre zum Glück diesmal erspart. Als die den Wagen verließ, konnte sie unvermittelt den Aufstieg beginnen. Hespera, die stets die Kasse verwaltete, reichte Kutscher und Lakai ein kapitalistisches Trinkgeld.

Symposion im Heuschober

Mit einer Miene von unvergeßlicher Komik blickte die schöne Gervaise der Equipage nach, die leer zurückfahrend sich im Grünen verlor. Ja, war das nicht ihr Spiegelbild und das der zwei blau Livrierten, welches Otto jüngst anherrschte, als sie sich beim Morgengrauen einem Walde zuschleppten? Nichts aber stimmte die Kinder so übermütig wie der Kontrast ihrer ausgemachten Besitzlosigkeit und solche gelegentlichen Berührungen mit den luxuriösen Seiten des Lebens, deren gesittete Fesseln sie genau durchschauten und genau wußten, daß ihre eigene Armut im Grunde ein Freibrief war, aller Schablone, aller Konvention gegenüber. So wurden sie jetzt fast so ausgelassen wie vergangenes Jahr um dieselbe Zeit, als sie über Stock und Stein, und nicht ohne Fährnisse, ins Salzkammergut einmarschierten. Auf offenem Felde hatte sie eine Windhose erfaßt, voneinander getrennt, emporgerissen, geblendet, daß sie mitten auf der Landstraße zu ertrinken glaubten, endlich, als strömende Säulen sich gegenüberstehend, einander wieder erkannten. Dann hatten Bauersleute sie aufgenommen, sie hatten sich an ihrem Feuer getrocknet, noch manche Abenteuer bestanden, manchen Tauschhandel getrieben, bis sie am Salzburger Bahnhof Stöcke und Rucksäcke zur Aufbewahrung gaben und, reizend gekleidet, sehr gesittet, etwas geziert sogar, im Stadtinnern den Speisesaal des ersten Hotels betraten. Immer hielt Hespera eine Summe für solche Schlußeffekte zurück. Als aber der Kellner mit dem üblichen Schliff die Rechnung präsentierte, lächerte die hohe Endziffer den Mathias derart, daß ihm der Kopf gegen das Tischtuch schlug, woselbst er verblieb. Der Gegensatz war zu groß. Otto, wohl fassend, warum sie lachte, ließ eine Lachsalve steigen, die auf Gervaise übergriff, deren Getriller Hespera der Fassung beraubte, daß sie, von Lachen geschüttelt, ihre komplizierte Tasche – wir kennen sie von Meran her – nicht aufbrachte. Aber auch die anderen Gäste, ob sie auch gar nicht wußten warum, wurden angesteckt. Es lachte das Personal. Es war ein Sympathiegelächter im ganzen Saale mit diesen Lachenden.

Heute war es anders. Nur von den Felsen hallte das Echo ihrer Späße wider. Der Himmel, der so lange gezögert hatte, sich zu verfinstern, machte jetzt Ernst. Die Kinder merkten es nicht. Sie sahen nur eine Spanne von ihm. Gnädig blaute über ihnen noch lange die Luft. Es dämmerte schon. Auch vom ›Bauern in der Au‹ waren sie verspätet aufgebrochen. Allerlei

Freunde Hesperas hatten sich von Bad Kreuth aus eingefunden, da sie sich dort am Morgen nicht zurückhalten ließ. Endlich waren sie gegangen, und nun stieg man munter drauflos. Die nächste Alm lag nur zwei Stunden entfernt. Da brach unter Wolkenbrüchen das Gewitter los, zu Bächen wandelten sich die Pfade, die Abhänge versumpften, wohin der Fuß sich setzte, glitt er wieder ab. Wild und in unendlicher Länge kreuzten sich die blendenden Klingen des Himmels, das ganze Bergland erdröhnte. Die Tannen boten nur mehr einen gefährlichen Schutz. Frau Lautenschlag, die pianistischen Hände von ihrem Rosenkranz umflochten, zitterte für ihre Wanderer. Diese kletterten aufs Geratewohl. Sie hatten den Weg in der Finsternis längst verloren. Die Hütte erreichten sie nie, wohl aber endlich einen Stadel, den sie triefend bezogen. Dort gedachten sie den Morgen abzuwarten. Es war immerhin eine Unterkunft. Indes folgte ein Unwetter auf das andere, und der Sturm fuhr immer wieder in die spärlichen Balken, als wollte er sie mit einem Ruck ausheben und in die Tiefe reißen. »Wenn uns jetzt der Blitz erschlägt, sind wir auch nur Gespenster«, stellte Gervaise in Aussicht. Denn sie fingen an, Geistergeschichten zu erzählen; zu viert, und so geborgen nun, war das sehr anheimelnd. Das durchnäßte Heu warf Otto durch eine Luke und schüttelte das trockene auf. Er wußte von der Frau eines Gymnasiallehrers, die Klopftöne hörte, und beim Tischrücken hatte die Stimme gesagt: Sterben sei leicht, aber Gestorbensein schwer. Und da war Henriette Gradinger gewesen, das schwerkranke

Mädchen, das Hespera feierlich versprochen hatte, ihr nach dem Tode zu erscheinen, um ihr zu sagen, wie es drüben sei. Aber sie war nie gekommen. Und so sei's immer. »Seitdem pfeif' ich auf alles«, verkündete Otto. »Ruhe, Ruhe!« gebot er einer in der Ferne brüllenden Kuh. Es war ein Krach im Walde, als würde alles Holz in Stücke geschlagen. Da nahm Mathias, der eine Weile geschwiegen hatte, das Wort: »Wie wäre es, Freunde, wir gedächten des gebratenen Huhnes? Vierteilen ließ es die wackere Baronin. Laßt auch des feurigen Weins uns entsinnen. Gesellt auch den Kuchen ihm zu.«

Otto wollte ihr das Verdienst eines so glänzenden Einfalls nicht lassen. »Immer denkt die ans Essen«, bemerkte er, zog aber unverzüglich die Pakete hervor. Nun stellte sich heraus, warum das eine so groß war, als stecke zumindest ein Truthahn darin. Es war, als hätte die Spenderin vorausgesehen, daß die Kinder in die stockfinstere Nacht geraten würden. Jedes war nicht nur mit einem Kartontellerchen, auch mit einem zusammenlegbaren Becher und einem Taschenlatern-chen bedacht. »Nein! wer denkt an so was?« rief Hespera aus. Mathias hatte sich zwar vorgenommen, ihren Anteil mit vernichtendem Stolz zurückzuwei-sen, aber es war alles zu verlockend. Und gar die Laternchen! So kreiste denn in Frieden der Wein, mit ihm der glasierte Guglhupf, reich an Würze, Kraft und Zibeben. Durch das Bankett wurde die Stimmung sehr belebt, und alle Müdigkeit schwand. Gut hatte sie's getroffen, die Jamesin, wie die Kinder sie zu nennen pflegten.

»Außer dem Ried-Recours mag sie, glaub' ich, nur noch uns«, eröffnete Mathias ein Tischgespräch von vollendet bayrischer Prägung. »Sie hat uns viel lieber als ihre eigenen Leut'.«

»Kunststück«, sagte Hespera. »Die feineren Juden sind fast alle woanders.«

»Wir haben den ersten Aufguß«, sagte Otto.

»Aber schon der Kontrast mit ihrem Vetter. Und wie der noch nachträglich ein Menü durchgeht«, sagte Gervaise.

»Das Nebenklangerl«, sagte Otto.

»Diese prima Beziehung zum Kalbsbraten«, rief Mathias. »Diese direttissimo Einfahrt in den Vol au Vent und den Zwetschgendatschi.«

»Einsteigen, bitte!« kam es von Hespera, aber dann setzte sie hinzu: »Und die Jamesin selber, die sich beim Sterben kaum noch umschauen möcht' nach allem. Wie viele kennen wir, die halb so christlich sind wie sie.«

»Und sieht so jüdisch aus dabei«, sagte Gervaise.

»Warum sie sich nicht bekehrt?« sagte Mathias.

»D'Nasen«, sagte Otto.

»Zwar die Nasenwurzel hat sie von der Lespinasse«, sagte Hespera.

»Also mir ist es ja völlig klar«, philosophierte der Mathias, »daß gerad aus den Juden heraus der krasse Gegensatz zu ihnen hat entstehen müssen. Es hat sich da was von ihnen losgemacht, und die anderen sind geblieben, wie sie waren.«

»Herrschaft, wie sie aber ausschauen, diese anderen, am Freitagabend, wenn sie sich in der Kapellenstraße verlaufen.«

»Sie hätten's nicht nötig.«

»Sie müßten was tun«, sagte Mathias besorgt.

»Ob sie unglücklich sind?«

»Uije, mit dem Geld«, sagte Otto.

»Sollten's arm sein auch noch?« sagte Hespera.

Sie lagerten im Heu wie auf einem ungeheuren Diwan. Nur Gervaise war ein wenig abgeglitten und sagte nichts.

»Gervaise!« rief Mathias. »Du könntest uns den Pater Odilo nachmachen. Gervaise! Scherweß! Die schlaft ja! Den Pater Odilo sollst nachmachen.«

Gervaise richtete sich auf. Sie hatte nicht nur geschlafen, sie hatte sogar geträumt.

»Was denn? Was denn? Auf den ersten Traum in einem Haus muß man aufpassen.«

»Heustadel gelten auch«, sagte Hespera.

»Wir waren alle wieder in Egern an der Überfahrt«, erzählte Gervaise, noch ganz benommen. »Die Bootsfrau ist aber vom anderen Ufer nie herübergerudert und hat uns nicht holen wollen; wir sind dann auf unserer Seite weitergegangen. Über Gmund war Sonnenuntergang. Es war kalt. Der See war grau. Wir haben gezählt, wie lang die Wellen brauchen, weil sie so langsam gekommen sind. Ich war in Weiß mit einem schönen roten Hut und meinen roten Schuhen. Plötzlich ist mir der Absatz von dem einen abgebrochen. Ihr wart jetzt alle fort. Ich war allein. Wie ich zu ihm hinke und ihn aufheben will, war's ein ganz kleiner Myrtenstrauß.«

»Ende gut, alles gut«, sagte Mathias aufatmend. Denn weder die grauen Wellen noch die untergehende

Sonne und gar der hinkende Gang hatten ihr gefallen. »Da wäre wieder so ein Traum«, rief sie, »mit dem der blöde Freud rein nichts anfangen könnt'. Dem sag' ich's aber, wenn ich ihn einmal seh'.« Seine Traumtheorie war eben erschienen, und sie hatte sich natürlich wie ein Habicht daraufgestürzt.

»Mathias«, sagte Hespera, »wenn du deine Laterne ununterbrochen brennen läßt, wird sie bald ausgehen.«

»Ja, blas aus dein Licht«, höhnte Otto.

»Du ungebildeter Mensch«, fiel ihn Mathias an. »Du weißt von gar nichts, außer von Geld, und hast keins und wirst auch nie eins haben.«

Hespera lachte hell auf. Denn die Klavierlehrerin vom fünften Stock war nicht mehr weit, und deutlich hörte man sie gehen. Aber bis zu einem wirklichen Streit kam es ja in ihrer Gegenwart nie. Man vertrug sich schnell wieder. Ohne Hespera freilich? . . . aber wären denn ohne sie die Partien gewesen?

Neue Gewitter hatten sich entladen. Schwere Regen rauschten hernieder. Otto bastelte an der Luke. Es war finster und heiß. Die Taschenlaternen taten gute Dienste. Wie spät mochte es sein? Hespera sah auf die Uhr, sie war die einzige, die eine besaß. In einer Stunde würde es schon dämmern.

»Wen hast du lieber, Hespera, die Deutschen oder die Franzosen?«

»Ah, nein. Laßt mich damit in Ruh', mitten in der Nacht.«

Es war immer die alte Frage, und sie hatte noch nie eine konkrete Antwort darauf gegeben. In Wahrheit hatte sie wohl mehr Affinitäten mit ihrem Vater. Aber sie war selbst derart französisch und derart deutsch zugleich, daß sie weder eines noch das andere, sondern wirklich beides in einem Atem war. Ohne Widerstreit. Last der Seele. Ohne Loskommen, hier nicht, noch dort. Wirkte sie gerade durch ihre vermehrte Wesensfülle so verfeinert und zerbrechlich, so interessant?

Was brauchte sie eine Antwort zu finden auf so viel Verlegenheit? War sie selbst sie nicht, diese Antwort? Verkörperte sie nicht ganz eine jener Gestalten – pränational und abendländisch –, wie wir sie in gewissen früheren Tapisserien, in Wunderwerken einer noch gemeinsamen bildenden Kunst bestaunen?

»Was für nette Leute die Deutschen wären, wenn sie dazu noch Franzosen wären«, sagte Mathias, »und wäre Luther nicht gekommen«, fügte sie bedauernd hinzu.

»Schon. Aber findest du bei uns alles so perfekt?« fragte Hespera.

»Du weißt, ich bin antiklerikal«, brüstete sich Mathias. Sie war von Sympathien für Lamennais getragen.

»Geh, du bist immer rechts oder links. Von einer Mitte weißt du nichts. Von den ganz wenigen Priesternaturen, die's überhaupt gibt, werden drüben auch ein paar sein.«

»Aber sehr behindert, sehr behindert. Schau nur ihre häßlichen Kirchen an.«

»Die unsern, soweit sie neu oder restauriert sind, strotzen doch auch von Geschmacklosigkeiten – – –.

Nein, es ist da ein Sinn verlorengegangen. Nicht umsonst geht einem das Kirchengehen oft so auf die Nerven.«

»I hab's net mit die Konvertiten, die meinen, daß sie unsereinen übertrumpfen können!« rief Mathias, den Becher schwingend. »Doppelt sollten sie auf ihre Haltung schauen.«

Denn es hapere etwas mit dem Anschluß.

Es stimme was mit dem Fahrplan nicht.

Darüber waren sich nun alle einig. Aber auch dafür machten sie Luther verantwortlich.

Wenn der nicht gewesen wäre . . .

Die ganze Streiterei war für die Katz . . . Verflixtes Augsburg! . . .

»Aber tätest du dich heut' konvertieren, Hespera?«

»Keiner tät's von mir wissen, wenn ich's tät«, sagte sie.

»Ja, so wär's recht! Keiner sollt' was vom andern wissen dürfen«, rief Mathias noch lauter und mit Feldherrnblick.

»So bild i mer ein, daß d' Freiheit muß sein!« zitierte sie aus einem Gedicht von Stieler.

Kuhglocken, bisher im Sturm ertrunken, drangen jetzt deutlich durch die Nacht. Die Hütte konnte nicht weit von hier liegen.

Indes ließ Mathias nicht so leicht von einem Thema ab. »Ist es in Frankreich sehr anders, wie bei uns?« fragte sie.

»Wie Tag und Nacht«, sagte Hespera, »deshalb lebt man sich auch so auseinander.«

»Warum aber!« begehrte Mathias auf. »Es bräucht

nicht sein! Hätten wir doch Sechsundsechzig den Krieg gewonnen, dann hätt's kein Siebzig gegeben, und *wir* hätten jetzt das große Wort und nicht die Preußen.«

»Man braucht sie nur wegzudenken«, sagte Otto, »und schon ist Ruh'.«

Zwar wußte die Gartenmarie von einer spannenden Prophezeiung, die einem Lindauer Kloster entstammte:

> »Kommt der Kaiser mit die kurzen Händ',
> Hab'n d' Hohenzollern an End'.«

Wir müssen an die originelle Alte erinnern, die einst, während einer Dienstbotenkrise auf acht Tage zur Aushilfe angetreten, die Türe des Hauses nie mehr gefunden hatte. Als Frau Lautenschlag ihre Herrschsucht nicht mehr ertrug, war ein Posten am Garten für sie gefunden worden. Daher ihr Name. Nun aber bewohnte sie als pensionierte Staatsköchin eines der großen Mansardenzimmer, das teils einer Alm, teils einem Zigeunerlager glich. An einem Strick, der den halbdunklen Raum quer durchlief, hing ständig Wäsche zum Trocknen. Zwischen zwei Fenstern – es gab deren sechs, aber sie maßen keinen halben Meter – stand ein Altärchen. Genau besehen, war es recht hübsch. Verschossener rosa Tarlatan aus einem Ballkleid Hesperas bildete einen Baldachin. Das kleine Holztabernakel hatten die Kinder von einer Auer Dult mitgebracht und auch die bunten Leuchter und Wachsstöcke gestiftet. An Weihnachten stellte die Gartenmarie eine Krippe auf. Dromedare verliefen sich dann unter den Kohlen; man stolperte über Kaspar, Melchior und Balthasar. Am Herde aber buk sie außerordentliche Dinge, deren Rezepte sie ins Grab mitnehmen sollte. Immer kurz von Rede, und es gab für sie nur eine Familie. Die Kinder duzten sie. Kaffee für sie zu kochen, auch in den wilden Spielnächten, war sie jederzeit bereit. Aber sie schüttelte mißbilligend den Kopf, wenn sie noch den Duft von Blumen einatmeten, die sie zum Geschenk bestimmt hatten, denn ganz und ungeteilt gehörte auch er schon dem Empfänger . . . Und was das Geld anlangte, hatte sie Prinzipien von der höchsten Vornehmheit. Das Geld war für die anderen da. Für sich selbst sollte man jeden Pfennig umdrehen, lehrte ihr Beispiel. Gefühlvoll wie sie war, diente ihre Katastrophenphilosophie hauptsächlich zu ihrer persönlichen Erleichterung! Grausame Schicksale waren die Sühne von Verbrechen, die einer in seinem Vorleben begangen hatte. So viele Verbrechen gibt es gar nicht! hielt ihr Mathias entgegen.

Da hieß es, daß man der Herr der Schöpfung sei. Was focht es den Löwen an oder den Tiger, oder das Krokodil? Und was für eine Ordnung der Dinge war das? »Im Paradies war's anders«, brummte die Gartenmarie. Aber als sie heranwuchsen, beruhigten sich die Kinder nicht mehr so leicht. Sie besprachen jetzt ein schweres Schiffsunglück, bei welchem kürzlich an siebenhundert Personen untergegangen waren. Zwei Passagiere, die mitfahren wollten, hatten durch eine besondere Fügung in Cherbourg den Anschluß versäumt. Schutzengel? – Schön. Aber wo blieben die siebenhundert anderen Herren Schutzengel derweil? fragte der ketzerisch geartete Otto.

Es war gewiß nicht die erste große Kalamität, von der sie, in ihrer Jugend, als Zeitgenossen erfuhren. Und wem ein langes Leben bevorstand, würde der sich gewöhnen, sich abstumpfen, wenn nur er selbst den reißenden Zufällen nicht verfiel, die, ein ewig bereiter Giftrachen, den Lebewesen auflauerten?

»Dabei stimmt die Sache mit dem Sperling am Dach auch, aber die Sphärenharmonie, die dringt nicht zu uns«, sagte Hespera.

Einen weiten Schmerzensschrei entließ vielmehr der Turnus alles Geschehens, und nannte man es Verbrechen, wenn das holde Lamm, das Zicklein, das Kaninchen zwischen den Fängen des Adlers hinauftrieben durch die Luft, in ihrem warmen, köstlichen Blute alle Todesnöte leidend und darum wissend, daß sie zerfleischt, in Stücke gerissen würden . . .?

Plötzlich fühlte sich da Mathias von der Erinnerung durchschauert an eine herrliche Natur. War's wirklich gestern morgen gewesen? Stumm und dennoch tausendstimmig war das süße Blau durchzittert, wie bereit, sich ganz von selbst in Töne umzusetzen. Ekstase, umgürtet von den Waldeskränzen, die Moos, Gestein, die Tannen rührte. Selbst ein Raubvogel, der im Äther langsame Kreise zog, hatte Teil an ihr, bevor er niederschoß zur Erde. Niederschoß zur gesichteten Beute, um in ein Feldhuhn, ein zartes zum Spiele gekauertes Häschen die Krallen zu schlagen.

»Ich halt' es nicht aus«, schrie Mathias, deren Herz voll Liebe war.

»Hilfe, was hat sie«, sagte Otto, »jetzt wird sie uns auch noch verrückt.«

»Schweig still«, fuhr sie ihn an, im Nu ihren Weltschmerz vergessend. »Du bist sowieso zweimal durchgefallen.«

Oh, wie sie da alle lachten, wie auch Otto lachte. Wie einig sie waren, in ihrem Mißbehagen! . . .

Dennoch gab es Undenkbarkeiten auch im Reiche des Grauens. Es war doch ein Damm von Sinnlosigkeiten gesetzt. Wie an einem Glockenseil hingen da Hesperas Gedanken an der Schilderung jener Seenot zwischen Capri und Neapel, von welcher die ›Italienische Reise‹ berichtet, jener unvergeßlichen Stelle, so getragen von Goethes halb unbewußter Zuversicht, daß sein Tod noch fern sei und, da seine Aufgabe noch nicht erfüllt sein könne, ein Schriff nicht scheitern würde, das ihn trüge.

Dahingegen gab es Wesen, die wandelnden Eisenbahnkatastrophen glichen, Unheil hervorriefen, wohin sie gingen, daß es wie Staub hoch aufwirbelte hinter ihnen her.

›Unglücksfälle und Verbrechen!‹ Die deutsche Sprache, die so tief schürfende, die abgründigste aller vielleicht, sie allein hat die beiden Begriffe unter eine Rubrik gebracht: scheinbar zufällig sie zusammengespannt. Ewig unersichtliche Konnexe! Rätsel überall! Ein dunkles Zeichen jedoch stand, wie über allem kreatürlichen Dasein, auch über dem des Menschen; und welchen Tücken war er nicht ausgesetzt! »Mitgefangen, mitgehangen!«

Jetzt aber prasselten die Meinungen, die man von

diesem Planeten hegte, unter großem Gegröle auf ihn hernieder. Wie immer war es Gervaise, die mit den drastischsten Einfällen aufwartete. Mathias, als ›Mann im Parkett‹ unschätzbar, befliß sich erfolgreich ihres ordinärsten Lachens. Otto gelang es indes, zu Häupten Hesperas, einige Latten vom Dache zu heben, und wunderbare, vormorgendliche Kühle flutete herein. Hinschwindende Sterne. Wie Liebesahnung, erstes Geflüster im Laub. Mit einem eleganten Satz schwang er sich hinaus, um die Hütte auszukundschaften.

Gervaise aber war von neuem eingeschlafen und ihren Träumen zugeglitten. So hatte Mathias Hespera für sich allein und rückte näher an sie heran.

»Mir gefällt das Leben auch nicht, und worauf soll ich warten«, sagte sie traurig. »Aufs Irrenhaus, wie die Großmutter.«

»Beschwöre keine Gespenster herauf«, sagte Hespera kühl.

»Es ist aber kein Fertigwerden mit den Dingen. Und was dann?«

Hespera lag weit zurück, fast im Freien und wie in einer Schaukel. »Mir ist nicht bang um dich«, sagte sie nach einer Weile. Sie blickte zum Himmel auf, der, in göttlicher Bereitschaft, sein Dunkel verströmen ließ. »Schau, er hat sich über Nacht von allen Wolken freigemacht. Du wirst es halt machen müssen wie er.«

»Über Nacht?« seufzte der hin und wieder so luzide Mathias. »Bei mir würde das ein langes Leben voraussetzen.«

»Es kommt nicht auf das Wann an, nur auf das Ob.«

»Wenn ich doch sein könnte wie du!«

Aber Hespera wurde jetzt von einer unerklärlichen und grauenhaften Müdigkeit überwältigt. War sie aller Hoffnung endgültig bar? Hatte sie mit einem Male, im hellen Lichte ihrer übergroßen Erschöpfung, die Zukunft erkannt? Ohne daß Mathias es sehen konnte, trieb ihr Kopf hin und her. »Laßt mich gehen«, brach es hervor.

»Wie«, schrie Mathias entsetzt. »Was meinst du?«

»Nichts.«

»Stell dir das vor im Haus, wenn du gingst und ich bliebe.«

»Ich geh' ja nicht.«

»Dann sag aber auch keine so niederträchtigen Sachen«, rief Mathias. »Was tun wir heute?« fuhr sie, schon abgelenkt, in ruhigem Ton fort. »Wo ziehen wir hin?«

Hespera sah von ihrem erhöhten Platz aus einen schmalen blutroten Streifen am Horizont. »Heim«, sagte sie. »Vor Abend kommt es wieder zum Regnen.«

Bald darauf schlief auch Mathias ein. Nur Hespera wachte. Ohne Schwere, wie ein heller Falter, lag sie da. Sie überdachte die Aussichten ihrer Familie.

Glanz und Aufstieg? Nein. Sondern für die schöne Gervaise die grauen kalten Wellen allmählicher Enttäuschung. Auch ohne ihren Traum wußte es Hespera. Lhombre würde sein Spiel langsam und sicher zu Ende führen. Dennoch: Gervaise hatte in sich Elemente der Dauer. Und Mathias war wetterfest; ihr geistiges Skelett so gefügt, daß es, ohne ernstliche Bedrohung, den Püffen des Lebens widerstand; ein ausgesprochener Wunsch- und Willensmensch mit Erkenntnissen. Dies bewirkte die hin und wieder erschütternde Komik ihrer Lage in Familie und Gesellschaft. Otto aber? . . . sie wußte sich von ihm am zartesten geliebt, ob er auch ein Rohr im Winde, gefährlich und gefährdet war. Nur ein Riesenglück des Hauses hätte ihn retten können. Seit Lhombres Auftreten waren die Würfel gegen ihn gefallen, mehr noch als gegen seine Schwestern.

Es war heller Tag. Die Sonne umgoldete, die Luft umblaute die schlummernde Hespera. Und welch ein Szenerienwechsel! In geringer Entfernung ein Brunnen, dessen faustdicker Wasserstrahl im Lichte glitzerte. Etwas höher die gestern unauffindbare Alm. Die Tür stand offen. Ein lustiges Feuer brannte im Herd. Otto, schmuck und gewinnend, stand mit der Sennerin im Gespräch.

Die frühe Hitze ließ auf neue Gewitter schließen. Otto kam und mahnte die Mädchen zum Aufbruch. Abends kamen die Kinder nach Lenggries. Die Partie war zu Ende.

Untergehende Sonne

Nicht ohne Grund beschwerte sich Frau Lautenschlag, daß sie nichts von ihren heimgekehrten Töchtern habe. Die ersten Tage schliefen sie bis in den Mittag hinein, und von den Strapazen endlich erholt, maßen sie schon wieder mit sonderbaren Blicken die Spitzen und Mulden der Berge. Zerrissene Schuhe wanderten zum Schuster, Kleider und Blusen wurden ausgebessert und gewaschen. Das ging so bis zum nächsten Neumond. Von Mond zu Mond erstreckte sich dieser Landaufenthalt. Es gab Dinge, in welche die Lautenschlagschen Eltern sich fügen mußten.

Wir aber wollen ein letztes Mal den Kindern folgen. Sie sind sich des Augenblicks so wenig bewußt, daß wir unser Wissen ihrer Nichtbewußtheit unterschieben.

Sie begehen die alte Straße wieder, den Fluß entlang; die Nacht nimmt ihren vollen Schwung, die Wolken treiben dem Monde zu, sie belagern ihn, doch bald hat er sie gemeistert, rein und frei von ihnen abgeglitten, erhöhten Glanzes, der anfängt, sich zu ergießen. So beginnt der Rausch.

Gervaise, ein Schälchen umgetan, schön zwar wie eine Himmelstochter, dennoch eine vom Hofstaat Hesperas nur, tanzt vor ihr her, beflissen, sie zu ergötzen. Aber sie weiß es nicht. Vielleicht sinnt sie im stillen dem eigenen Glück nach. Nur Hesperas so zierlichen wie bestimmten Zügen sind keine Träumereien abzulesen. Sie trägt das braune Röckchen, die weiße Flanellbluse, einfach genug. Die Gestalt aber – wie feiertäglich! Welch wandelnder Sonntag: weder knabenhaft, noch die eines Mädchens oder gar einer Frau, nur ein Umriß, sozusagen, nur skizziert, die Taille nicht eben lang, ei, seht die paar Striche, sie sind kurz sogar, die schwebende Linie aber ist's, die göttliche! Kein Wort mehr darüber . . . Ihr Strohhut ist von einem bunten Foulard umwunden. Die Nadeln, die ihn halten, die Kette, die alte bäurische Brosche, die sie mit

179

Vorliebe trägt, sind kostbar. Unbewußt auch Hespera? – Ist sich Vollkommenheit bewußt? Sie läßt sich sein. Sie ist. Hesperas Gang, wie immer beschwingt, bleibt gelassen. Nie bekennt sie sich zu einer Müdigkeit, immer ist sie es, die das Zeichen zum Aufbruch gibt. Sie dringen wieder in einen Wald. Was ist mit ihm? Der Boden von Licht gesprenkelt wie am Mittag, und sie begehren über mangelnden Schatten auf. Septemberende. Wieder einmal strömt er jenen heißen wollüstigen Atem des südbayrischen scheidenden Sommers aus.

Und so stehen sie eines drückend schwülen Schirokkotages am äußersten Ende der ›Riß‹, zu Ende scheint hier die Welt. Wie eingefangen inmitten des Gesteins, mit Zinnen und Türmen, ragt da ein einsames Schlößchen, grau wie das Hochgebirge ringsherum, grau wie die aufziehenden Wolken, grau wie der hier zum Wildbach verengte und reißende Fluß.

Nach einer Seite freilich ist ein Ausweg, die Landstraße führt einer neuen Welt, einem schier unbetretenen Wald, Igls und Innsbruck entgegen.

Allein den Kindern ist hier das Ziel gesetzt. Ihre Kasse ist erschöpft. Und für den Genius des Geldes sind sie ja weiter nichts als fahrendes Volk, ein Musikantenpack, nicht würdig, die Nase so hoch und freigesinnt zu tragen.

Es zeigt sich gar, daß Hespera ein zieres Täschchen, halb Seide, halb rotes Stroh, das wir von Meran her kennen, am Berge oben ließ, auf dem man zuletzt einige Stunden verschlief. Otto, ihr gegenüber stets ritterlich, erbot sich alsbald, es zu holen.

Er läßt seine Schwestern im Gärtchen einer kleinen Wirtschaft zurück. Hier blühen Zinnien, Dahlien, späte Reseden, lau und grau wie dieser Tag und schläfrig wie eine Katze, die Mathias auf ihre Knie zieht. Sie hält auch ein kleines Heft, das in der Eile des Aufbruchs Otto entfiel. Sie öffnet es heimlich, sie will es nicht lesen, nur rasch einen Blick hineintun. Maßlos erstaunt sieht sie die Worte: ›Lydia. Mi tenga.‹ Diese Lydia war eine entfernte Nichte des Nuntius und studierte Musik am Konservatorium, eine hübsche brünette Puppe, unwissend wie eine Ente. Und die sollte ihn halten? Was sollte das heißen? Ein Mitleid, sie wußte nicht woher, durchdringt sie wie ein ferner Ton. Sie liest nicht weiter. Sie reicht das Notizbuch Hespera hinüber, denn Otto würde sich ärgern, wenn er es von ihr erhielte, und Hespera läßt es in ihren Rucksack gleiten, an den sie lehnt. Sie liegt auf einer Bank und blinzelt in die Sonne, die mit einem Male golden und heiß auf das brütende Gärtchen brennt. Die Zinnien, die Dahlien, die Reseden, die Berge des Karwendels, alle sind sie einbezogen, fluten in diese Stunde des Sommerabschieds, des Herbstes und Sommers in eins. Alles klingt, zerspringt, wie auf einer Riesenharfe, hält nur den Grundton einer bis zum Irrsinn sich steigernden Melancholie.

Als gegen Abend Otto auf geflügelten Sohlen, das Täschchen hochhaltend, von seinem weiten Gang zurückkehrt, bersten die Wolken, bald gibt es auch im Walde kein trockenes Fleckchen mehr; es dunkelt wie an Winterabenden. Vorbei . . .

Regenschwer und mit schauriger Kälte zog der Oktober dieses denkwürdigen Herbstes ins Bayernland.
Der Sturm riß Ziegel und Kamine von den Dächern.
Die schöne Allee, die vom Hause der Lautenschlags so
schwungvoll in die Richtung des Bahnhofs hinzieht,
steht schon entlaubt. Vor den Fenstern der von Zwingers liegt der ›Große Garten‹ wieder frei, außer dort,
wo hinter triefendem Gezweig der östliche Flügel des
Glaspalastes die Aussicht versperrt. Seine Scheiben, in
ihren glitschnassen schwarzen Eisenrahmen bis zur
Undurchsichtigkeit getrübt, scheinen alle Hoffnung
zu verneinen, als würden die Dinge nimmer gut.
Frau von Zwingers Wunsch jedoch ging in Erfüllung,
und sie durfte sich zum Sterben hinlegen. Nicht länger brauchte sie den Damen Selby Teetassen nachzu-
füllen und sie mit Wurstscheiben und Orangen zu
versorgen. Der prachtvolle, wenn auch abgeschabte
Pelz hing ihr nicht mehr schief, wenn auch nobel,
vom Rücken. Ihre Besuchstourneen, vor welchen
Candidas naive Mahnung erging: »Motherle, don't
forget your purse«, sie fielen weg. Ihr Dienst an der
unbemittelten Menschheit, er war getan. Ohne Frau
von Zwinger ging jetzt das Leben weiter; und sie
war's zufrieden und freute sich in aller Schlichtheit auf
den Himmel.
Aber wußte man je, wie Gervaise auf eine Sache
reagieren würde? Was brachte sie so auf, als Candida,
das Verscheiden der Mutter schildernd, von ihr sagte:
»She looked triumphant.«

Ein Instinkt hieß sie Ärgernis nehmen, daß sie ausrief: »So ein Dünkel!«, als fühle sie, daß angesichts einer so unkontrollierbaren Fahrt wie der des Todes eine solche Äußerung nicht am Platze sei.

Etwas von dem rudimentären Charakter der von Zwingerschen Polterabende haftete auch ihren Trauerfällen an und enthob die Hinterbliebenen jenem tief schürfenden Verweilen, jenem Ermatten, jenem Versagen der Nerven, Schwäche der Seele meinetwegen, die, sei es, daß einer lutherisch oder katholisch ist – und wie viele sind katholisch, ohne es zu wissen, und umgekehrt –, dem katholischen *Temperament* gemäßer ist. Gerade jenes katholische Temperament jedoch, auf das es so sehr ankommt – und gerade hier dürfte vielleicht die Brücke zwischen den ›getrennten Brüdern‹ eines Tages laufen –, war seit Generationen den Zwingers nicht mehr eigen.

Indes stellte sich heraus, daß nicht der Raum verdrängende Professor, sondern seine schmächtige und zurückgezogene Gattin der Mittelpunkt der Familie gewesen war. Zwar hatte Candida noch Vater und Brüder zu Hause, aber Heim ist es keines mehr. Bald wird sie einen Freier erhören, sie wird Schluß machen mit der Korbflechterei.

Der Leser vermutet es schon: es ist von mäßigem Belang, wem Candida, deren eigentümlicher Charme nicht lange vorhalten wird, zu guter Letzt ihr Jawort erteilt. Der kreuzbrave Herr von Griesen wird der Erwählte sein. Gervaise und Mathias sind der Ansicht, daß sowohl die ›Biersuppe‹ wie der ›Genius der Masern‹ ansprechender waren, doch sie sind gewitzigt und sprechen sich über den ›Grießknödel‹, wie er infolge seiner undeutlichen Sprechweise alsbald bei ihnen heißt, in allen Tönen der Begeisterung aus. Denn Candida, auch als Braut ihrer Wahl noch immer nicht sicher, sucht die Mädchen auf, um – zum wievielten Male? – von ihnen zu hören, daß ihr Verlobter ein Ausbund aller Vollkommenheiten ist.

Nein, die große Liebe bringt sie nicht ins Haus, sondern das Nötigste nur, was nicht hindert, daß auch sie, nach Art der Zwingerschen Töchter, vom Altare ab keinen Konflikt mehr kennen und kein anderer Mann für sie existieren wird als der ihre. Candida ist unter einem glücklichen Stern geboren, Griesen entpuppt sich als ein sympathischer Kunde; wir nehmen Abschied von Candida als einer glücklichen Frau und Mutter.

Verbenas unzufriedene Stiefkinder tummeln sich in allen Himmelsrichtungen herum. Hedwig hat den Pelz ihrer Mutter geerbt; voll Grandezza trägt ihn die Tochter. Ihre Ehe ist ideal. Gegen ihr Herz wird der Kummer dennoch erfinderische Schnitte führen, aber niemand wird sich rühmen dürfen, daß er diese ›yeux de diamants‹ in Tränen sah. Der von Mathias so verkannte Professor beschließt einsam und aufrecht seine Tage. Die Söhne werden im Krieg fallen. Ein absonderlicher Zufall führt Tobby mit seinen englischen Vettern zusammen. Hier wie drüben erzählt man sich von ritterlichen, menschlich bewegenden Zügen, die er im Felde an den Tag legte.

So verlieren wir die von Zwingers aus den Augen.

Bei Lautenschlags werden so bald keine Hochzeiten
gehalten, weder in Serien noch einzeln. Kehren wir zu
dem stürmischen Oktober zurück, der Lhombres
Machtstellung in diesem Hause einläutet. Unbestrit-
ten beherrscht er den Plan. Von Romantik wie von
einem Purpur umhangen, ist er die Zierde der Hoffe-
ste des Winters, nimmer fehlende Attraktion der Lautenschlagschen Tees. Dort aber zieht er jetzt die inti-
me Note vor und sagt sich mehrmals die Woche zum
bescheidenen Nachtmahl an. Auf diese Weise ver-
treibt er Hespera am sichersten. Sie macht sich selten,
nie fragt er nach ihr, selbst dann nicht, als er zu seiner
Genugtuung erfährt, daß sie nach England gefahren
ist. Wie auf Wunsch hat eine kranke Freundin sie
dorthin gerufen. Auch Herr Lautenschlag, für welchen diese gemütlichen Abende geradezu der Gipfel
der Ungemütlichkeit sind – dafür sorgte Herr
Lhombre schon –, pflegt sich vor ihnen zu drücken.
Aufgekocht wird nicht; Wein gibt es keinen. Alles auf
Wunsch. Aber festlich genug erstrahlt dennoch dieser
Familientisch unter den silbernen Leuchtern, dem silbernen zierlichen Aufsatz, zu Ehren Lhombres hervorgeholt und von Gervaise so blank geputzt, daß er
– en caricature – sich darin spiegelt. In Erde eingesetzt
stehen scharlachrote exotische Blumen. Die Gartenmarie, ein Bild im weißen Mullhäubchen auf dem
schneeweißen Haar, weißem Schlips und weißen
Handschuhen, serviert. Für ihr Leben gern sähe sie
diese Heirat. Sie trägt auch – er bleibt das Wichtigste

für sie – Herrn Lautenschlag privatim die Zwiebel-
suppe in seinem Zimmer auf. Der Mann der Frühe,
der schon zur Ruh' gegangen ist, wird noch einmal
munter und läßt sich berichten.

Lhombre ist ihm unheimlich. Welches Echo fände er
bei ihm für seine Sorgen um das Bayernland? Und
was für ein Franzose war das schon, der einen preußischen Prinzen zum Spezel hatte. Ein solcher Franzose
konnte ihm gestohlen werden. Und paßte ein solcher
›Gischpel‹ zu Gervaise? ›Rêverien‹, denkt er seufzend.
»Was da wieder Licht aufgeht«, sagt er zur Gartenmarie.

Denn natürlich brennen alle Lampen im Salon. Die
hohen Wände, an Gemälden reich, die eine besonders,
die ungebrochen wie ein Hochaltar den Raum beherrscht, die viel zu kostbar überzogenen Louis-Seize-
Stühle, wie sie stehen, alles stimmt wie diskrete Musik zur Luft dieses Abends.

Frau Lautenschlag am Flügel kann die Blicke nicht
gewahren, welche Lhombre auf Gervaise verweilen
läßt, während er Duette mit ihr singt und in seinem
schönen Bariton Geständnisse voller Glut an sie
richtet.

Gervaise steht im Banne seiner mächtigen Augen, der
rätselhaften und verwirrenden Melancholie seines Lä-
chelns. Er sieht sie erschauern, und auch für ihn, er
verkennt es nicht, wäre hier Vergessenheit, Friede,
Aufschwung, Ekstase. Aber waren es nicht Dinge, die
er negierte? Zwar weiß er sich im voraus beraubt,
sofern der Falsch, die verräterische Ader, in ihm ob-
siegte. Nicht unbeschadet würde er hier Unheil und

Verheerung stiften. Der Rückschlag träfe ihn selber auf immer.

Was aber ist heute mit ihm? Was ist mit Lhombre, daß er so endlos verweilt und so ergriffen Abschied nimmt? Und seht ihn, wie er auf der Treppe innehält, dort, wo der Duft von Wein, Äpfeln und Koniferen aus dem Keller über die Stufen schlägt. ›Ich liebe!‹ denkt er, von einem wilden Jubel gepackt. Ja, an sein Herz will er sie reißen, die er keinem gönnt, die keinem anderen zu eigen werden darf als ihm allein. Er sieht sie wieder, wie sie vor ihm erschauerte . . . Wie eine Flamme trägt er das Bild. Als ein gewandelter Mann durchschreitet er den Hof.

Erst nach langer Pause geht das eiserne Tor, und es wundern sich oben die Damen, die müde Mutter und die verstummte Tochter. Denn ein sanft klirrender Ton dringt dann deutlich durchs Haus. Die Nacht ist klar. Der Atem der Bäume weht von den Gärten herein. Wie im Traum, doch ohne Bangen, hört Gervaise die Schritte Lhombres auf dem Pflaster verhallen. Bald, gewiß schon morgen, würden sie wieder dieses Weges kommen. Noch war kein Abend in so seligen Rhythmen verlaufen.

Statt dessen vergehen jetzt Tage, Wochen verstreichen, ohne ein Lebenszeichen von Lhombre. Muß sie sich nicht den Kopf zerbrechen, die schöne Gervaise? Wie käme sie darauf, gerade in dem Überschwang seines Gefühls die Ursache seines Fernbleibens zu vermuten? Er hat sich wieder gefaßt und ist mit dem preußischen Prinzen ins Gebirge gefahren. Oft zwar drängen seine Gedanken zu ihr hin. Er ist noch jung, der Sohn der Cascadette. Auch daß er leidet, wollen wir ihm zugute halten. Aber es keimt doch schon in seinem unedlen Blute die volle Wertung für alle Belange des Geldes. Gervaise, und wäre sie eine Göttin, ist eine klägliche Partie. Von allen Münchner Dächern pfeifen es die Spatzen.

Die Baronin James hatte es mit einem Stärkeren zu tun. Ihren Schachzügen kam er zuvor. Sie bringe ihm Unglück, sooft er sie nur sehe, gesteht er einmal, sich selbst ironisierend, im Ton fesselnder Vertraulichkeit. Wie offen er war!

Nein, niemand sollte es fertigbringen, Lautenschlags zu warnen. Hespera hatte richtig gesehen: sie hingen nun einmal in der Luft, da waren ihnen schwebende Situationen konform. Haarscharf nimmt Lhombre seine Vorteile wahr. Zwar wiegt sie sich in Zukunftsträumen, diese tolle Familie, aber sie hat es nicht eilig. Sie treibt es nicht wie der Talferbach, der fort ins Weite stürzt aus Schatten und Tal. Wie hegt sie vielmehr ihre Enge! Glänzende Heiraten möchte man schon, aber nicht morgen, nicht dieses Jahr. Auch das kommende nicht. Die Partien sollten diesen und den nächsten Sommer noch krönen. Zwar erregten sie Lhombres Eifersucht; ein Dorn im Auge waren sie ihm. Aber wie sehr kam es ihm zustatten, daß man hier à fond perdu weiter zu träumen begehrte.

Es kommt hinzu – immer greifen wir ja in diesem Buche vor –, daß Gervaise als die Sonne ihres schwer beschatteten Heims steigen wird. In weiter Sicht behält man da lieber ihr Scheiden.

Viele Wachsstöcke entfacht indes die alte Gartenmarie –, viele Kerzen und Gelübde weiht sie ihrem Anliegen. Sie pilgert nach Maria Eich und nach Altötting sogar. Es durfte nicht geschehen, daß Herrn Lautenschlags Befürchtungen ihre Bestätigung fanden. Wer verdiente den Schutz des Himmels, wenn nicht dieses Haus?

Doch uneins ist es mit der Wirklichkeit. Die Jahre werden vergehen.

»*Muß* man denn Diplomat sein, um Ihnen zu gefallen?« wird eines Tages der reiche und charmante Rittmeister fragen, den die Baronin James zum Tischnachbarn der noch immer wunderschönen, aber sehr erblaßten Gervaise bestimmt hat – »*muß* man Diplomat sein, um Ihnen zu gefallen?« Er sagte es leise, beugt sich ein wenig vor und legt seine Hand auf die lose gebundenen Veilchen, die zwischen ihnen liegen. Allein sie wähnt, daß sie eine Treulosigkeit beginge, wenn sie einem anderen Manne Gehör schenkte; ob auch Lhombre schon fort ist, abgereist, ohne sich zu erklären; in so vielsagender Weise freilich Abschied von ihr nehmend, daß er ihr hiermit auferlegte, ihm zu vertrauen. Sie tut es sinkenden Herzens, doch sie tut's! Die Baronin ringt die Hände.

Lhombre wird noch von sich reden machen, er wird Karriere machen, seine Briefe an Frau Lautenschlag – er schreibt nur an diese – werden seltener einlaufen und immer undurchsichtiger sein. Nie wird er zurückkehren, nie wird Gervaise ihn wiedersehen. Sei es, daß er eines Tages annehmen zu dürfen glaubt, daß es still geworden ist um sie, sei es, daß der Gedanke an ihre möglichen Bewerber keine Schrecken mehr für ihn hat, er läßt die Beziehung versanden, sein Gefühl erkaltet, er verstummt endlich ganz.

Die menschliche Enttäuschung trifft Frau Lautenschlag so hart, daß sie niemals davon spricht, sie bringt es nicht über sich; ein müder und strenger Zug beschleicht ihr Auge, wenn Lhombres Name fällt; das ist alles. Aus Schonung für sie streicht Herr Lautenschlag das Wort von den Rêverien.

Gottergeben bleibt die alte Gartenmarie, ob ihre Gebete auch unerhört blieben, ihre Wallfahrten noch so vergeblich geschahen. Unerschüttert wird sie sich bescheiden, was auch kommen mag oder sich nicht ereignen will.

Zwischen ihm, der wie sie in voller Einfalt glaubt, und ihm, dessen Gedankenwelt alle Rätsel, alle Problematik, die Pfeiler des Wissens und der Empirie einbezieht, ihm, der festhält an einer profanen Terminologie, weil für ihn die Worte einer gemäßen Sprache erst zu heben wären, – zwischen diesen beiden ist der Unterschied wie immer abgründig, dennoch nicht wesentlich. Wesentlich ist er nur zwischen ihm, der ohne Metaphysik nicht zu leben vermöchte, und ihm, dem kein Organ für sie innewohnt.

Die Schaukel steht still

Jede Stadt ist anthropomorphistisch anzusehen. Sie hat ihr Gesicht, ihre Physiognomie, ihre Augen. Daher auch Schicksalen innerhalb ihrer Mauern diese, dort jene Möglichkeiten eigen sind.

München ist stärker vielleicht als andere Städte im Banne seiner Luft und ihrer Spiegelungen, eine Stadt ohne Ost und West sozusagen, zwischen Nord und Süden eingekeilt, an der großen Straße wohl, dennoch abgelegen, Stadt der Träume und Beschaulichkeit, aber nicht der Witterungen, von seinem unterschobenen Bruder um seinen wahren Stammesbruder Österreich durch die Ereignisse gebracht.

Betrachtet euch die bayrische Natur, wie tief in sich versunken voll Musik, doch ohne weite Ausblicke sie bleibt. Vergleicht den Schwarzwald mit dem bayrischen Gebirge. Schon ist dort der Westen, die nähere Lage des Meeres spürbar. Vergleicht die magische Isar mit dem allwichtigen Rhein. Die Töne der Landschaft selbst, die anfangen ineinander zu fließen und sich zu verwischen, wie die einer unterwegs befindlichen Erde, nirgends schöner vielleicht als wie dort, wo ihr zweifacher Ausdruck sich bis zum Hymnischen steigert; dort, wo nah an Basel die blaugrünen Fernen sich verdunsten und nun plötzlich der Strom in mächtiger Ruhe aufschimmert dicht vor dir! – sich wieder abwendet, breiten Rückens und die Weite spürend! und wo die Pappeln, um die Dinge wissend, in ihrem Silberschaume stehen. Ah, welch unsterbliche Distinktion umwebt – wie zum Zeichen – dies badische Grenzland! Und nun denkt an Garmisch-Partenkirchen: das Winkelwerk seines Wettersteins, seine Dreitorspitze und ihre harte Sperre, die nicht einmal von dem in der Luftlinie so nahen Innsbruck noch von Mittenwald noch vom Märchen des Karwendels etwas ahnen. Und auch dieser ist der übrigen Welt so wenig wie der Zeit vermählt. Ein anderer Trank wird unter dem Himmel Bayerns gebraut: Abgewandtheit, nicht Überblick, atmen seine Firnen.

Fanfaren

Und Hespera?
Was erwartete der Leser?
Glaubt er sie wohl für den Kleinkampf des Tages genügend ausgerüstet? Sieht er sie Geld verdienen? Gibt es in Gottes Namen nicht auch Pflanzen, die unter Frost und harten Winden nicht gedeihen?
Jedem sein Klima und seinen Himmel.
Hespera ist nicht vor Sommersende zurückgekommen. Lhombre hat einen Urlaub angetreten. Aber der September gleicht nicht dem des vergangenen Jahres. Außerdem dient Otto sein Einjähriges ab. Ohne Otto keine Partien.
Der Oktober ist den Lautenschlags ein ominöser Monat. Und wie eisig es da in München regnen kann. Der erste Schnee wäre eine Erlösung von der Barschheit des Lichtes. Früh wie um die Winterszeit sinkt heute die Dämmerung.
Hespera und Mathias treten durch das Tor. Sie biegen in die Allee ein, die nach der Richtung des Bahnhofs ihre Kurve zieht. Wieder stehen die Bäume entlaubt. Hespera hat sie dieses Jahr nicht grünen sehen. Sie ist schweigsam. »Was hast du?« fragt Mathias. – »Nichts«, erwidert sie. Ihre Züge sind nur undeutlich zu erkennen.

»Komm, kehren wir um«, sagt sie plötzlich. So gehen sie wieder die Treppe hinauf. Lau schlägt ein Hauch von Äpfeln und von Koniferen darüber hin. Zum letzten Male wird Hespera unter der Haustür sichtbar. Sie wankt auf ihr Zimmer. Ein Schüttelfrost schlägt sie dort nieder. Ihr Sterben ist eine Sache von wenigen Tagen. Fort. Fertig. Aus. ›Nach kurzer, schwerer Krankheit‹, steht auf dem Partezettel. Wie gefährdet sie bei dem geringen Stand ihrer Kräfte im vorherein war, ihre Umgebung hätte es ahnen können. Aber hätte dies in der Art der Lautenschlags gelegen? Lebten sie anders denn in den Tag hinein?

Ein Todesfall, wie immer niederschmetternd, bringt es mit sich, nicht wahr, daß Bestimmungen zu treffen sind. Man lebt nicht auf dem Monde. Zugegeben, daß Herr Lautenschlag den Kopf nicht hätte verlieren sollen. Er verlor ihn aber. Wohl nahm er ein Blatt entgegen, das ihm ein fremder Mensch hinreichte, und hielt es in der heftig zitternden Hand. Er war jedoch nicht imstande, es zu lesen. Und was gibt der arme Mann da für Order? An allen Fenstern der umliegenden Häuser tauchen Neugierige auf. Denn unter weithin tönenden Fanfaren naht ein Totenwagen, rückt eine Geistlichkeit heran, wie sie mit diesem Pomp nur hohe Staatspersonen zu holen pflegt. Kopfschüttelnd starren die Nachbarn auf die Straße, und auch im Hause erschrecken sie. Es liegt ein Irrtum vor. Er kommt nie so recht zutage. Ein Irrtum also – nicht Größenwahn? – ist schuld an dem Gepränge, unter dem die still geprüfte Hespera zu Grabe zieht. Unvergeßlich blieb den Teilnehmern an der Bestattung die Fassungslosigkeit des jungen Otto. Er wollte keine Erde dem Sarge seiner Schwester nachwerfen, verzweifelt brach er zusammen.

Doch nicht länger wollen wir uns mit den Gestalten dieses Buches befassen . . . Sie kümmern uns nicht mehr. Welche Geschichte, führe sie noch so weit, könnte je zu Ende sein? Und worauf kommt es an? Niemand, so heißt es zwar, sei unersetzlich. Wie man's nimmt. – Und die Zeit, so heißt es auch, sie tilge, sie lösche alles, und sie büße alle Lücken.

Wie aber, wenn ihre verblassende Kraft versagt? Wenn ein Bild, statt sich im Laufe der Jahre und der Jahrzehnte zu verwischen, an Deutlichkeit und an Relief gewinnt?

Was ist daraus zu schließen? Nichts für den einen. Alles für den anderen. Otto ging in die Irre. Gewisse Heroismen werden dennoch die Begleitumstände seines Unterganges sein. Gervaise und Mathias, stets am Rande einer Katastrophe sich bewegend, sehen sich verschont. Behütet, sagten wir. Nichts Untragbares – doch ist hier freilich dem einen geringfügige Last nur, was den anderen ganz und gar zerbräche – wird ihnen aufgebürdet. Sie dürfen ihre Unabhängigkeit bewahren; frei dürfen sie zu ihrer Meinung sich bekennen; nicht brauchen sie als Anbeterinnen zu stehen des Erfolges. So darf ein Rest von Unbeschwertheit ihr Anteil werden.

Hespera ging unter. Doch die Ausstrahlungen einer Erlesenheit so ohne Fehl wie die ihre sind Mal, Stempel, Schutzgeist, Talisman, Reflex. Kein einziges Wort reicht auch nur entfernt an eine Zone hin, die ihre geisterhafte Wahrheit einläßt in die Wirklichkeit. Wir wollen hier nichts erforschen, wir stellen nur fest.

Mancher Leser wird aber verstehen, daß dieselbe besorgte Frage eines Tages zwischen den weit verstreuten Geschwistern funkte und ein und derselbe sonderbare Wunsch sie beseelte, als die Nachricht vom Brande des Münchener Glaspalastes die Welt nach allen Richtungen durcheilte, es möge mit ihm das Haus, in dem sie einst mit Hespera gelebt hatten, in Flammen aufgehen.

NACHWORT

Für
Horst und Madeleine Wiemer
zur Erinnerung an
Philipp von Habermann

»*Mit Entsetzen und Mitleid betrachteten sie jeden, den sie im Heer der Unterworfenen eingereiht sahen und dem vielleicht ganz wohl dabei war*«, so charakterisiert Annette Kolb sich und ihre Geschwister, mit deren Augen Figuren und Geschehnisse der ›Schaukel‹ gesehen sind. Es sei gleich vorweggenommen, daß in ihrem Roman ein gewaltiges Heer »*Unterworfener*« zu kurz kommt, das, dessen Elend lange vor Annette Kolbs Geburt Karl Marx und seinen Vorgängern gewiß weniger »*Entsetzen und Mitleid*«, dafür aber umso mehr explosive Gedanken eingeflößt hat. Gedanken, die, durch die Entwicklung der Technik mitbedingt, im Westen mittels sozialer Reformen und hoher Besteuerung zu einer einschneidenden Fesselung des Kapitalismus führten und die im Osten die zweite, die Welt erschütternde Revolution auslösten. Eine, die, gleich der französischen, allerdings mißraten ist und das nicht nur im Moralischen. Wenn dennoch das marxistische Gedankendynamit weiter fortwirkt, ist dies nicht mit der Feststellung erklärt, daß es jeder neuen Generation eine bessere Welt verheißt und daß es gleichzeitig dem verschwiegensten der Urgefühle des Menschen, dem Neid, entgegenkommt.
Man darf also neugierig darauf sein, wie Annette

Kolbs ›Schaukel‹ heute von denen aufgenommen werden wird, die, im Schutz westlicher Demokratie, Marxisten oder marxisierende Progressisten sind. Kann man erwarten, daß einer, der, ohne die Menschen und die Produktionsverhältnisse genau angeschaut und die eigenen Tauglichkeiten am Zwang der Dinge erprobt zu haben, sich ein revolutionäres Bewußtsein nur durch Lektüre angeeignet hat und damit Günter Grassens vernichtendes Wort von der angelesenen Revolution bestätigt, kann man annehmen, daß ein solcher Leser sich vielleicht zuletzt der deftigen Anmut der ›Schaukel‹ auch dann nicht entziehen kann, wenn er darin vorrangig eine Rechtfertigung für die zwar fast schon ganz, aber immer noch nicht restlos geglückte Abschaffung einer privilegierten Schicht der Gesellschaft findet, der in diesem Roman an keiner Stelle das Recht aufs Dasein bestritten wird. So wenig wie in ihren beiden anderen Romanen, ›Das Exemplar‹ und ›Daphne Herbst‹.

Gehörten Annettes Eltern zu dieser Schicht, als sie am 3. Februar 1870 auf die Welt kam? Die Frage hat sie selber beantwortet in dem schmalen Bändchen ›König Ludwig II. von Bayern und Richard Wagner‹. Darin spricht sie fast ebensoviel wie von diesen beiden Männern von ihrer Familie. Dort heißt es: »*Mein Vater kam als sehr junger Mann zum Studium der französischen Gärten von München nach Paris. Die Familie, in der er aufwuchs, war ihm die Fremde gewesen, in Paris hatte er Glück. Die Gartenbaukunst war sein Ehrgeiz, seine ganze Leidenschaft. Und mittlerweile hatte er am Jardin des Plantes als Jardinier en chef eine sehr angenehme Stellung.*

*Sie gestattete ihm, sich den erträumten Diener zu halten,
der ihm seine Sachen zusammenhielt . . . Noch war es
leicht, seine Heimat zu wählen. Nicht das Geringste deutete auf den Krieg von 1870/71 . . . Zwischen Bayern und
Frankreich gab es keine Streitpunkte, im Gegenteil. Eines
Tages besichtigte er* [König Max II. von Bayern,
1848–1864] *den Jardin des Plantes und forderte meinen
Vater auf, nach München zurückzukommen . . . Nicht
lange, und es kam aus München ein formelles Angebot . . .
die zwei botanischen Gärten zu übernehmen: Haus, Licht
und Holz frei, ein hübsches Gehalt, die Ermächtigung,
Gärten anzulegen, wo sich ihm Gelegenheit bot, freie Fahrt
auf den bayerischen Staatsbahnen . . . aber dieser* [ihr Va-
ter] *hatte eine achtzehnjährige Pariserin im Sinn und hatte
versprochen, im Lande zu bleiben, um sie heiraten zu
können . . . Sie war die Tochter eines verstorbenen Land-
schaftsmalers, lebte bei ihrer schüchternen Mutter. Daß sie
mit sechzehn Jahren den ersten Preis für Klavier am Pariser
Konservatorium davongetragen hatte, imponierte zwar meinem Vater, doch besaß er für Musik ebensowenig Verständnis wie sie für Botanik . . . Wie aber stand es mit seinem
Versprechen? Meine Großmutter war außer sich, meine
Mutter mochte ihm nichts erschweren. Die beiden Damen
setzten sich zusammen und lasen ›Hermann und Dorothea‹
in welcher Übersetzung ahne ich nicht, und meine Großmutter schloß aus der Lektüre, die Deutschen seien zwar
sehr kleinstädtisch, mais de braves gens. Das beste war ein
Kompromiß . . . zwei Jahre München, dann nach Paris
zurück. In der Tat sollte meinem Vater die Stelle am Jardin
des Plantes solange offenbleiben, denn man ließ ihn nicht
gerne ziehen . . . Für meinen kaum dreißigjährigen Vater*

war Bayern nichts Neues . . . anders meine zwanzigjährige
Mutter. Sie hatte sich für ein höchst provinzielles Treiben,
Interieurs wie in ›Hermann und Dorothea‹ gewappnet und
ihr war bange vor den rückständigen Leuten, mit welchen sie
es pflichtgemäß eine zeitlang aufnehmen wollte. Stattdessen
wurde ihr unverweilt eine Fülle so atemberaubender, unge-
ahnter und einzigartiger Eindrücke zuteil, daß sie nicht wuß-
te, wie ihr geschah.« Soweit Annette Kolb, zunächst.

Es waren mehr als Eindrücke, die der neuen bayerischen Staatsangehörigen zuteil wurden. Denn Max II.
war 1864 gestorben, und unter der Herrschaft seines
Nachfolgers, des jungen, in Wagner vernarrten Mär-
chenkönigs Ludwigs II., wurde München zu Europas
glanzvollster Hauptstadt der Musik. Wie bescheiden
die Hofuniform des königlichen Gartendirektors, verglichen mit der hochgestellter Höflinge sein mochte,
so galt Herr Kolb immerhin – Annette hat es bestätigt
– als ein Sohn des Fräulein Kolb, Tänzerin der Hof-
oper, den sie von dem Herzog Max in Bayern hatte.
Demnach war Herr Kolb also ein Halbbruder der
Kaiserin Elisabeth von Österreich und deren Schwester, der Prinzessin Sophie, Ver- und Entlobter Ludwigs II., späterer Duchesse d'Alençon, die, in Paris,
bei dem berühmten Brand des Bazar de Charité in den
Flammen umkam.

Man hatte es am Hof gewiß nicht ungern gesehen,
daß dieser illegitime Sprößling, der von den Wittels-
bachern den Benediktinern im Kloster Scheyern zur
Erziehung anvertraut worden war, aus Leidenschaft
für die Gartenbaukunst jung nach Paris übersiedelt
war.

In jenem heute schwer aufzutreibenden Buch über Ludwig II. und Richard Wagner bringt Annette Kolb nichts selber Erlebtes, sondern das, was sie durch Erzählungen ihrer Mutter erfahren hatte, zum Beispiel, daß die nächste Nachbarin Cosima war, damals noch die Frau des Dirigenten Hans von Bülow, den Ludwig II. und Wagner, nebst anderen, nach München berufen hatten. Sie schreibt: »*Es fanden sich Peter Cornelius und Franz Liszt ein; das Ehepaar Schnorr von Carolsfeld, um den Tristan einzustudieren, der treue Bülow, um ihn zu dirigieren. Ihm hatte Wagner die Kapellmeisterstelle am Hoftheater gesichert, und zu ihr gehörte auch eine geräumige Wohnung für ihn und seine Familie. Keine halbe Minute entfernt, mit dem Blick auf eine Allee von großem Schwung, zwischen den beiden botanischen Gärten, die während des Hitlerregimes niedergelegt wurden, stand das um die gleiche Zeit abgerissene Haus, über das meine Eltern damals verfügten. Somit bestand eine enge Nachbarschaft, und zwischen Cosima und meiner Mutter ergab sich eine rege Beziehung, die genau so lange, aber keinen Tag länger anhielt, wie der Verbleib der Bülows in München. Etwas sehr besonderes zog damals Cosima zu meiner Mutter. Ein gutes Stück älter als diese, doch eine junge Frau auch sie, sah sie die Landsmännin in ihr, denn noch stand sie ihrer französischen Herkunft nahe; die Erinnerungen an ihre Pariser Mädchenzeit waren noch nicht verweht, und hier klangen sie in voller Stärke wieder an. – Als sie zum ersten Male bei ihr eintrat, rief die Cosima von damals, nachmalige Alldeutsche, um sich blickend, spontan und gewiß mit aufrichtigem Gefühle aus: ›Que je suis heureuse, de me trouver dans une maison française!‹*«

Und Annette Kolb fährt fort: »*Eine maison française war zwar hier mitnichten. Das Haus war Eigentum des bayerischen Staates so gut wie die Bülow'sche Wohnung, aber die mitgebrachten Möbel kamen hier, in den nicht großen, doch sehr hohen Räumen umso pariserischer zur Wirkung, die Atmosphäre des Salons war umso französischer, als er meiner Mutter ganz überlassen blieb. Sie allein gab ihm das Gepräge, und es fiel hier kein deutsches Wort. Wohl trat mein Vater mehrmals des Tages bei ihr ein, und er ging und kam, aber er verweilte nicht. Sein Reich war unten im Garten, dort empfing er seine Besucher . . . Wie spannend mußte sich indes für meine Mutter ein Verkehr mit Bülows gestalten. Als sie eines Tages wie so oft mit Cosima im Theater saß, geschah es, während eines Zwischenaktes, daß sich die Tür der schräg gegenüberliegenden Königsloge öffnete, um Richard Wagner einzulassen, der auf Geheiß des Königs ihm zur Seite trat . . . Meiner Mutter war es auch vergönnt, jenen ersten Aufführungen des Tristan mit dem nie wieder erreichten Schnorr von Carolsfeld beizuwohnen, der Wagners Intentionen bis ins Letzte erfüllte . . . Mein Vater plünderte den botanischen Garten zu jeder Premiere, um die prachtvollsten Blumen zu schicken. Selbst in eine Oper zu gehen kam ihm nie in den Sinn . . . aber er sonnte sich an allen Freuden, die seiner Frau daraus erblühten. Dieser verging jetzt schier der Atem. Himmelweit war sie von ›Hermann und Dorothea‹ und jener provinziellen Umgebung entfernt, mit der sie es, in Gottes Namen, eine Zeitlang hatte aufnehmen wollen. Ja, wie kam sie sich jetzt vor, die junge Pariserin, mitsamt den Brüsseler Spitzen in ihrer corbeille de mariage und ihrem vielbestaunten Atlasmuff? Was wog es schon auf, ihr reizendes Mobiliar, ihr*

Pleyel-Konzertflügel sogar? . . . Sich selbst sah sie hier als die von einer tugendhaften und schüchternen Mutter schlicht Erzogene, die ahnungslos in ein so grandioses Milieu versetzt worden war. Als Brangänes warnender Gesang zum ersten Mal vor ihr erstarb, Isolde im Dunkel der Nacht ihren Schleier flattern ließ, ein Sturm von Leidenschaft die beiden Liebenden einander zutrieb, war ihr der angstvolle Ruf entfahren ›Les malheureux!‹ – ›Qu'est-ce qui vous prend?‹ hatte Cosima sie angestarrt, von welcher Höhe herab, kann man sich denken. Doch sie ließ nicht ab, sie einzuladen.

Eine begreifliche Scheu hielt meine Mutter davon ab, so ohne weiteres zu Cosima zu gehen, wie diese zu ihr. Sie kam an unserem Hause vorbei, wenn sie Richard Wagner besuchte, der in der Briennerstraße wohnte.«

Inzwischen hatte 1866 der Krieg zwischen Preußen und Oesterreich stattgefunden, und Annettes Mutter sehnte sich nach Paris zurück und erinnerte Herrn Kolb an sein Versprechen, daß der Aufenthalt in München nicht ewig währe.

Annette Kolb schrieb dazu: »*Dieser wehrte nicht ab. Geteilten Herzens wohl, doch war auch er von dem Siege Preußens abgestoßen. Aber die Dinge mußten überlegt, neu eingeleitet und vorbereitet werden. Außerdem wurde ein Kind erwartet; das erste war gleich gestorben, auch das zweite und dritte sollte sie nicht aufziehen, sondern von neun Kindern vier sterben sehen . . . Bald dies bald jenes stellte sich der Abfahrt entgegen. Eine Schwermut fiel sie an . . . Da berief sie ihre Mutter nach München. Bald saßen die beiden Damen wieder zusammen und hielten Rat wie einst. Die Dinge verhielten sich ja in der Tat so, daß* mein Vater den ersten monumentalen Auftrag zur Anlage eines Gartens und Parks erhalten hatte . . . durfte man ihn darum bringen? . . . Als aber die Parkanlagen glücklich vollendet waren, wollte er meine Mutter nicht länger hinhalten. Ihn selbst zog es jetzt mächtig nach Frankreich zurück, zumal ein hochinteressantes Angebot nach Algier ihn lockte.

Wie eins fühlte sich da seine Frau mit ihm! Jetzt war nur eitel Freude im Haus, aber wie hierher, so dorthin, alles probeweise fürs erste, Vorsicht . . . meine Großmutter fuhr voraus, um die Wohnung einzurichten. Man war bereit. Meine Mutter hatte ihre zwei kleinen Mädchen für die Reise so niedlich ausstaffiert, so entzückend pariserisch standen sie vor ihr, daß ihr vor Rührung die Tränen in die Augen kamen. Hätte sie in diesen glücklichen Stunden die Zeichen vom Himmel lesen sollen? . . . Aber totenblaß trat mein Vater vor sie hin. Der Hölle entsandt war die Emser Depesche gekommen. Dröhnend schlug das Tor der Heimat vor ihr zu. Der Krieg 1870/71 war ausgebrochen. Oh wie verwünschte sie da ihre Ehe! Mit zwei deutschen Kindern, als eine deutsche Staatsangehörige, stand sie da, zerrissenen Herzens auf immer . . . Mein Vater trauerte mit ihr. Über Frankreichs Niederlage. Mit der Vorherrschaft Preußens sah er die geistige Verheerung des Landes heraufziehen. Hatte man es nicht vor kaum vier Jahren selbst zum Feinde gehabt? Preußen, nicht Frankreich, und so war es recht gewesen. Wer trug die Schuld an allem Unglück? Martin Luther, immer er und er allein. Plötzlich, aus Opposition gegen das protestantische Deutschland, wurde mein Vater Mitglied der Zentrumspartei . . . Hatte er früher manchmal gewünscht, daß meine Mutter deutsch sprechen lerne, so

mutete er ihr das nie wieder zu. Mochte sie ihre franzö-
sische Eigenart ungeschmälert behalten, ihr Haus nichts
anderes wie ein französisches sein. Dies sollte ihr Leben er-
leichtern und es heimatlicher umgeben. Gewiß bereicherte
und verschönerte er auch das ihrer Kinder, doch um wel-
chen Preis!«

Die Wiedergabe dieser verschollenen Seiten ist dem
Leser der ›Schaukel‹ als ergänzende Beleuchtung ihres
historischen Hintergrundes vielleicht deshalb nicht
unwillkommen, weil der autobiographische Charakter des Romans kaum verhüllt ist.

Annette Kolb kam in dem Jahr auf die Welt, als der
von Preußen mitprovozierte Krieg gegen Frankreich
ausbrach. Dessen Folgen, die politische Vergiftung
des französisch-deutschen Verhältnisses bestimmte
ihr ganzes Leben. Dieses Leben, sagt Carl J. Burck-
hardt in einem Aufsatz, habe dem »heroischen« Versuch gehört, »den Einklang des Menschenpaars, dem
sie ihr Dasein verdankt«, auf die Beziehungen zwischen dem neuen Deutschen Reich und Frankreich zu
übertragen.

Kann man diesen Versuch wirklich als »heroisch«
bezeichnen? Anders gefragt: Welche Risiken nahm sie
auf sich, welche Mittel konnte sie aus der eigenen
Persönlichkeit schöpfen, also aus Wissen und Charakter? Und waren die Mittel richtig angesetzt und dem
gesteckten Ziel angemessen?

Die Antworten sind in Annette Kolbs »politischen«
Büchern zu finden und in den zahlreichen, chaotisch
von ihr herausgebrachten anderen Veröffentlichun-
gen. Unter denen sind die aufschlußreichsten, die

Unterhaltungen mit Camille Barrère, nur in französischer Sprache erschienen.

Annette Kolb war sich der Spaltung ihres Wesens in eine französische und eine deutsche Hälfte schon früh bewußt, oft schmerzlich, zuweilen nicht ohne die missionarische Gewißheit, den nur einwurzelig aufgewachsenen Menschen ein reicheres Denken und Fühlen vorauszuhaben, weil ihres zwei Sprachen und zwei Kulturen entsproß.

Zu welchem Hochmut eine solche Gewißheit führen kann, hat sie in der ›Schaukel‹ gestaltet und ihn ausdrücklich als »Größenwahn« bezeichnet, von dem sie und ihre Geschwister nahezu jedem gegenüber befallen waren. Ein lächerlicherer Hochmut als einer, der sich nur auf biographische Sonderlichkeiten, aber auf keine eigene Leistung stützt, ist, wenn ihm kein Korrektiv entgegenwirkt, kaum denkbar.

Anerzogener oder instinktiver guter Geschmack, auch der Humor, mit dem sie ihren zuweilen stupenden Mangel an allgemeinem Wissen zugab und die Selbstironie, die sie für die eigene Koketterie aufbrachte, waren solche Korrektive. Denen allein verdankt sie es, daß ihr wenigstens die guten Absichten, die der Impuls ihrer »politischen« Unternehmungen waren, gegenüber der bedenklichen Debet-Seite ihrer Mißerfolge kreditiert wurden.

Mißerfolge, so eklatant wie ihre, bleiben keinem erspart, der politisches Handeln mit dem Kommentar zu diesem, also mit Journalismus verwechselt, genauer gesagt mit dem, was Annette Kolb unter Journalismus verstand, waren ihre politischen Bewertungen oft doch nicht einmal frei von ästhetischen Kriterien.

Daß die Mittel, mit denen sie politische Ziele verwirklichen wollte, nicht die richtigen waren, das hatte sie zwischen dem Jahre 1906, dem ihrer ersten Buchveröffentlichung, ›L'âme aux deux patries‹, und dem 4. August 1914 zwar immer wieder eingesehen, es aber – von einem einzigen persönlichen Auftreten abgesehen – bis tief in den Krieg hinein dabei belassen, sich nur vom Schreibtisch her »politisch« zu betätigen, also mit Artikeln in Tagesblättern und Zeitschriften.

Dabei hatte sie die Chance, als Achtzehnjährige Camille Barrère kennenzulernen, über dessen entscheidendes Einwirken auf die europäische Politik selbst diejenigen unter den Historikern einer Meinung sind, in deren Augen die Diplomaten nur noch die Rolle von Briefträgern spielen.

In seinem bekannten Essay über Annette Kolb sagt Franz Blei, sie habe das politische Gewicht Barrères, der eine der Schlüsselfiguren der ›Schaukel‹ ist, überschätzt und sich »in Unkenntnis der wirklichen wirkenden dunklen Mächte der Politik« vom Klang des Beiwortes »plénipotentiaire«, das dem französischen Gesandten in München zukam, blenden lassen.

Bleis Spott verrät zunächst nur etwas über ihn selbst, nämlich, daß er sich bei seinem billigen Hohn über die Bedeutung, die Annette Kolb Barrère beimaß, offenbar nicht gefragt hat, warum der Quai d'Orsay 1888 seinen Gesandten von Stockholm nach München versetzt hat, wo es, zu jener Zeit, trotz der Reichsgrün-

dung, ja noch immer beim bayerischen König akkre-
ditierte Gesandte gab. Es konnte Blei nicht unbekannt
sein, daß Bismarck sich zwei Jahre zuvor durch den
Berliner französischen Botschafter eine Unterredung
mit Barrère hatte vermitteln lassen. Auch wußte man,
welch außerordentlichen Eindruck Barrère, schon
bevor er überhaupt zum diplomatischen Korps Frankreichs gehörte, 1878 auf Bismarck, Disraeli und Gor-
tschakoff gemacht hatte, als die ›Times‹ den sieben-
undzwanzigjährigen, in England aufgewachsenen
Franzosen zur Berichterstattung über den Berliner
Kongreß nach Deutschland geschickt hatte; nicht zuletzt war es bekannt, daß die Qualität seiner ›Times‹-
Artikel und vor allem seine starke Persönlichkeit die
französische Delegation derart beeindruckt hatten,
daß sie seine Aufnahme in den Staatsdienst bei Gam-
betta veranlaßte und daß dieser den ins diplomatische
Korps Eingeschneiten schon 1880 mit heiklen Missio-
nen in die Balkanländer schickte und daß die Ratschläge, die Barrère von seinen nachfolgenden Posten her
den Außenministern Ferry und Delcassé gab, diesen
unentbehrlich wurden und daß der Regierungschef
Rouvier ihm das Außenministerium anbot.
Es hätte Blei, der Annette Kolb gegenüber den Roué
der Politik hervorkehrt, in der ›Schaukel‹ auffallen
müssen, daß der im Salon der Frau Lautenschlag
verkehrende französische Gesandte dort mit Vorliebe
die Gesellschaft des Nuntius sucht. Eine feine Andeu-
tung der Autorin, denn zu der Zeit, welche die der
Handlung des Schlüsselromans ist, dachte Barrère
bereits an eine Italienpolitik, die zu verhindern ihr,

Annette Kolb, eine Sache des Herzens war und ihren Freunden in Berlin eine des Verstandes – den wenigen echten Liberalen nämlich, die sich Annette Kolbs Beziehungen zu Barrère bedienen wollten, besonders Richard von Kühlmann, der sich, wie sie, von einer Berufung Barrères auf den Berliner Botschafterposten eine solide Besserung der Beziehungen zu Frankreich erhoffte, um ein französisch-englisches Bündnis ungefährlich für den Frieden in Europa zu machen. Wenn Annette Kolb – übrigens ihr Leben lang – derart fasziniert von Barrère war, so gewiß nicht, weil sein wohlklingender Titel sie als Achtzehnjährige für immer verblendet hätte, sondern weil sie mit ihrem untrüglichen Gespür für Wert oder Unwert von Menschen gefühlt hatte, daß da ein bedeutender Mann Frankreich vertrat, das Land, mit dem es nicht zum Krieg kommen durfte. Ihre Naivität liegt also nicht dort, wo Blei sie sucht. ›Die Schaukel‹ ist im Politischen zwar nur am Rand ein Schlüsselroman, doch da ihre Verfasserin auch außerhalb der Literatur durch direkte Beeinflussung und zahlreiche Publikationen politisch hat wirken wollen, muß beleuchtet werden, wo ihre Naivität, die Quelle ihrer politischen Mißerfolge, zu situieren ist: sie besaß keine zuverlässigen Kenntnisse auf irgendeinem ins Politische reichenden Gebiet, ihr Denken war sprunghaft und impressionistisch, einzig vom »Gespür« bestimmt. Weibliche Vorzüge, immerhin eine mögliche Waffe, waren ihr von der Natur versagt worden, also nicht einsetzbar. All dessen war sie sich sehr bewußt. Der Figur in der ›Schaukel‹, mit der sie ihr Selbstporträt zeichnet, teilte sie den männlichen Vornamen Mathias zu, und sie beschreibt neidlos die Bevorzugung, die ihre schönen Schwestern, besonders eine, bei den Männern genossen. Das ist Selbsterlebtes. Mit welchen Mitteln also wollte sie Einfluß auf Barrère gewinnen? Auch hatte sie keinen. Und doch hat sie gerade das immer wieder versucht, selbst als er längst Botschafter in Rom war, und, überzeugt von der Ohnmacht der Liberalen in Wilhelms II. Reich, den Krieg zwischen Deutschland und Frankreich für unvermeidlich hielt und vorsorglich die Trennung Italiens von Österreich und Deutschland betrieb. In ihren Erinnerungen an Barrère schreibt sie bei der Schilderung eines Besuchs, den sie ihm machte, voll Einsicht, sie könne Barrère nie auf eine deutsche Dinge betreffende Frage eine genaue Auskunft geben. Wie auch! War ihr Deutschland doch nur das Bayern der ›Schaukel‹. Wie oft, in den vierzig Jahren unserer Bekanntschaft, hörte ich von ihr selber, in der Politik sei sie im Grunde so deplaziert wie Morgensterns Huhn auf dem Bahnsteig. Wahrhaftig, sie war es, dieses Huhn, brachte sie es doch sogar fertig, Barrère eines Tages zu gestehen, alles, was sie aus seinem Mund höre, erzähle sie weiter – wem, keinem anderen als Kühlmann, das brauchte sie aber nicht hinzuzufügen, und dann wunderte sie sich, daß Barrère sich hütete, Kühlmann zu treffen, und daß er, ein anderes Mal, eine von ihr übermittelte vertrauliche Botschaft Kühlmanns mit den Worten abtat, der Herr sei falsch unterrichtet.

Derlei Abfuhren, für die dieses eine Beispiel genüge, entmutigten sie nicht. Sie wollte den durch das Treiben der Alldeutschen immer mehr zu befürchtenden Krieg verhindern. So nahm sie das wohl aus Irrtum gemachte Angebot des ›Panther‹, eines alldeutschen Blattes, an und veröffentlichte 1913 dort, beim »Feind«, wie sie pfiffig bemerkte, die Schilderung eines Gesprächs mit Barrère und benutzte den Artikel, um den Pangermanisten die Leviten zu lesen, sie verschlössen Deutschland die letzten in Frankreich noch offenen Türen. Daß sie ihre alldeutschen Gegner in deren eigener Presse ungekürzt hatte angreifen können, sollte ihr einziger »politischer« Erfolg sein.

Sie hatte es zwar immer wieder eingesehen und auch offen bekannt, daß ihren politischen Bestrebungen jede Voraussetzung für konkrete Wirkungen fehlte, dennoch gab sie sich bis zum Ausbruch des Ersten Weltkriegs immer wieder dem sympathischen Wahn hin, um die gesuchten Wirkungen zu erzielen, genüge es, den Willen zum Frieden in der Öffentlichkeit oder bei Männern vom Gewicht eines Barrère vorzubringen. Dessen enormen Einfluß in Paris schätzte sie, wie übrigens auch Kühlmann und Bülow, richtig ein, nicht aber Barrères politische Vorstellungen, über die Kühlmann, eine der Schlüsselfiguren ihres Romans ›Das Exemplar‹, wenn er sie überhaupt je gehabt, zuletzt keine Illusionen mehr hatte.

Sie hatte 1913 den nicht nur von Rilke enthusiastisch begrüßten Roman ›Das Exemplar‹ veröffentlicht, den Fontanepreis erhalten, war damit aus der wattierten Kulisse der Botschaftshäuser und politisierenden Salons plötzlich in die literarische Öffentlichkeit gerückt und prompt, im Frühjahr 1914, von einer Dresdener literarischen Vereinigung zu einem Vortrag verpflichtet worden, der am 15. Januar 1915 stattfinden sollte und trotz des Kriegs auch stattfand. In den 1915, dank Rathenaus Einfluß von der Zensur zum Druck freigegebenen ›Briefen einer Deutsch-Französin‹, schildert sie den Skandal, den sie in dem Dresdener Vortragssaal mit einem flammenden Bekenntnis zum Pazifismus und mit pathetischen Angriffen auf die *»zehntausend hetzerischen Journalisten«* Deutschlands und Frankreichs beim Publikum und der stark vertretenen, überregionalen Presse hervorrief. Der Text ihrer Rede ist erhalten.

»Hätte man diese Journalisten gehenkt«, rief die Pazifistin in den gegen sie tobenden Saal, *»wieviel wertvolle, hoffnungsvolle Menschen wären in diesen Ländern heute am Leben! Stattdessen seid Ihr es, die Ihr noch lebt, die Ihr den Glauben an die Menschheit vergiftet habt . . . Ihr, die Hetzer, die Mitschuldigen an diesem Kriege, deren Knochen wie die der Schächer hätten zerbrochen werden sollen, bevor wir zuließen, was jetzt geschieht.«*

Was sie dort den *»Alberichen der Presse«* gesagt hat, hätte ihr Mathias aus der ›Schaukel‹ sagen können. Das also waren die Mittel, von denen Annette Kolb, damals immerhin fünfundvierzig Jahre alt, geglaubt hatte, sie seien geeignet für ihren Kampf. Als sie die Wirkung sah, war ihr *»Staunen grenzenlos«. »Trotz aller Warnungen meiner Freunde und ihrer so bestimmten Prophezeiungen über die unausbleiblichen Folgen meines Tuns«,* heißt es in ihrem Buch, *»stürzte ich von allen Höhen angesichts des Sturms, den ich heraufbeschwor.*

Offengestanden hatte ich mir . . . ausgemalt, wie ein rabia-
ter Reporter mir auflauern würde und ich wie Brutus vor der
Tür zusammenbrechen, hierdurch aber die gute Sache
unendlich fördern und den großen internationalen General-
streik gegen jegliche Hetze sogleich und überall beschleuni-
gen würde. Ja, sogar der Möglichkeit einer kleinen Gedenk-
tafel vorgegriffen, nur die eines Tumultes hatte ich nie
erwogen, und ich fiel von allen Himmeln, als er einsetzte.«
Sie, die bereits die Vision ihres Opfertodes, aber auch
die der Gedenktafel hatte, sollte noch oft von allen
Himmeln fallen. Sie hatte es nicht nur mit der Presse
verdorben, sondern auch mit der Obrigkeit, vor allem
mit der allmächtigen Obersten Heeresleitung, deren
Aufgabe es war, den Krieg zu gewinnen. Als sie die
öffentliche Feindschaft nicht mehr ertrug, emigrierte
sie, obwohl Rathenau und andere, hochgestellte Per-
sönlichkeiten die Hand über sie hielten, am 1. Februar
1917 in die Schweiz. Dort wollte sie in dem Pazifi-
stenkreis des Gründers der ›Friedenswarte‹, Alfred H.
Fried, für den herbeigesehnten Frieden wirken, aber
auch für die französischen und deutschen Kriegsge-
fangenen und die oft sehr bedrängte Zivilbevölkerung
der in Frankreich und Belgien von den Deutschen
besetzten Gebiete. Dank ihren zahlreichen Verbin-
dungen konnte sie in einzelnen, schlimmen Fällen
Erleichterung verschaffen. Die kräftigste Unterstüt-
zung fand sie bei Romain Rolland, dessen weltweit
berühmter Roman ›Jean Christophe‹, 1912 erschienen,
jetzt als Taschenbuch einer neuen Generation wieder
zugänglich ist. Für ihren Einsatz zahlte sie einen hohen Preis: Die französischen Nachrichtendienste hiel-

ten sie für eine deutsche Spionin und die deutschen für eine französische.

Als der Erste Weltkrieg zu Ende ging, waren die, bei denen sie noch Ansehen genoß, zusammengeschmolzen auf die Internierten, denen sie hatte helfen können, die linken Liberalen in Deutschland und die Sozialisten beider Länder. Das zeigte sich, als sie 1919 dem Internationalen Sozialisten-Kongreß in Bern beiwohnte – schon mit Skepsis, sie war schließlich katholisch.

In den heute schwer zu findenden Publikationen, in denen sie sich nach der Konstituierung der Weimarer Republik mit »dem Lauf der Welt« auf eine Weise auseinandersetzte, die nie vom Autobiographischen loskommt, besonders in ›Zarastro‹, spiegeln sich die Stationen der Enttäuschung, die die zurückliegenden Jahre ihr gebracht hatten. So gut wie nie waren es Menschen, sondern fast immer der Zwang der Dinge und die Verhängnisse der Geschichte, die ihr Enttäuschungen bereiteten, bereiten mußten, weil sie mit zu schwachen Mitteln ihren politischen Kampf austrug, wenn die Begriffe »politisch« und »Kampf«, verglichen mit den Leistungen revolutionärer Märtyrer oder Sieger, zu denen sie nicht zählen kann, überhaupt am Platz sind.

Der Weimarer Staat war ihr ebenso gewogen, wie sie es der neuen Republik war, die manchen propagandistischen Nutzen von ihr hatte. »Vom nationalen Koller der beiden Völker ständig verwundet«, wie Max Rychner in dem schönsten und so einfühlsamen Aufsatz, den es über sie gibt, schrieb, setzte sie, als der

Krieg beendet war, sofort von neuem ihre Kraft für die Versöhnung Frankreichs und Deutschlands in Bewegung. Auch jetzt blieben ihr Enttäuschungen nicht erspart. Barrère sprach sich für die Annektion des linken Rheinufers und die Schaffung eines rheinischen Pufferstaats aus. Es wäre ihr aber gewiß kein Trost gewesen, wenn sie, was aber niemand damals wissen konnte, gewußt hätte, daß es der Marschall Foch war, der Barrère von der Notwendigkeit solch expansionistischer Schutz-Operationen überzeugt hatte, weil er, der Sieger über die Deutschen, davon überzeugt war, daß Frankreich 1940 Deutschland militärisch unterlegen sein würde. Das Protokoll über die Unterredung, in der Foch sich als so guter Prophet erwies, wurde erst 1948 veröffentlicht. Als Briand und Stresemann gegen die Widerstände der Chauvinisten im eigenen Lager versuchten, ihre Länder zu versöhnen, hatte Annette Kolb in einem Punkt allerdings keine Illusionen: Sie wußte, wie es in ihrem ›Versuch über Aristide Briand‹ heißt, daß Briand vor 1914 nichts für den Frieden getan und daß er »auf das linke Rheinufer« und »Stresemann auf das Erzbecken von Briey und andere schöne Kriegsbeute ein Auge geworfen hatten«. Daß man in Locarno und Thoiry zu Abmachungen aber nur dank einem finanziellen und politischen harten do ut des hat kommen können und welche Rolle dabei die französische Finanznot spielte, hat sie nicht einmal geahnt. Sie sah nur edlen Willen zum Frieden und ließ sich von Briands Stimme ergreifen. Das Wie des Zustandekommens der Abmachungen, das Feilschen um die Mobilisierung deutscher Obligationen und um die Stärke französischer Garnisonen am Rhein war ihr verborgen geblieben. Nicht genug, daß sie sich über die Natur der Mittel, mit denen politische Ziele erreicht werden, immer wieder täuschte, sie hatte es selbst damals, trotz der Erfahrungen, die sie in so vielen Jahren mit ihrer Ignoranz gemacht hatte, nicht für nötig gehalten, sich über den Charakter der Hindernisse, die es zwischen Deutschland und Frankreich gab, zu informieren. Sie war – es muß einmal gesagt werden – eine Amateurin. Eine zwar rührende, aber auch eine im schlimmsten Sinn des Wortes. Eine jener, deren Vorschläge für jede Lösung schwieriger Probleme mit den Worten beginnen: »Man braucht nur . . .«

Sie glaubte, ihr zweifellos sicheres Gespür für die menschliche Qualität eines Politikers ersetze ihr Defizit konkreten Wissens. In einer Auseinandersetzung, die ich mit ihr über eine politische Affäre hatte, verschlug es mir die Sprache, als sie den von mir ihr vorgehaltenen Mangel an Kenntnis der Details damit rechtfertigte: Briand habe nie Akten gelesen, kein Politiker, der Überzeugungen habe, brauche das. Sie vergaß, daß Briand, unterstützt von einem phantastischen Gedächtnis, als Abgeordneter und Minister Dezennien lang täglich Umgang mit den Einzelheiten der Probleme Frankreichs hatte, zuletzt auch mit denen Europas, und daß er sie wirklich auswendig wußte. Und doch! Mußte man sie allein wegen der Impulse, die sie zur Pazifistin, und damit, wie sie glaubte, zur Politikerin gemacht hatten, achten, so mußte man auch oft bewundern, wie schlagfertig sie dem Gesprächspartner beweisen konnte, daß ihre, einzig von der Moral inspirierten Argumente Politica ersten Ranges waren. Selbst Rathenau soll darüber einmal höchst verwundert gewesen sein.

Als die Weimarer Republik an ihrem Liberalismus zerbrach, mußte Annette Kolb zum zweiten, aber nicht zum letzten Mal ins Exil gehen. Doch konnte sie 1933 wenigstens auf zwölf für sie gute Jahre zurückblicken, in denen sie nicht nur großes literarisches Ansehen genoß, das mit dem Erfolg ihres von Hofmannsthal so überaus geschätzten Romans ›Daphne Herbst‹ den Höhepunkt errreichte, sie erfreute sich auch einer öffentlichen, ihrer Person geltenden Beliebtheit, die in dieser Form nur wenigen Autoren in Deutschland zuteil wurde. Unzählige, nie lieblos gemeinte Anekdoten über ihre Eigenheiten, besonders über ihre Zerstreutheit, aber auch über ihre bayerische Bauernschläue, zirkulierten über sie und ließen die Vorstellung aufkommen, sie lebe in Opulenz, indes sie doch in der immerwährenden Improvisation von Vorschuß zu Vorschuß die Kasse ihrer Verleger strapazierte. Obwohl sie viel eingeladen wurde, zu Reisen und zu Aufenthalten, fehlten ihr immer wieder ein paar Mark.

Es sind jene paar Mark, die den Damen Lautenschläger der ›Schaukel‹ immer fehlen. Dieser Roman ist ein Abschiedsgeschenk, das sie ihren Lesern gab. Sie hat keinen mehr geschrieben. Als er 1934 erschien, wohnte sie bereits in Paris, wohin sie vor Hitler geflohen war.

Es bleibt unerklärlich, wie den Augen der nationalsozialistischen Zensur im zweiten Teil des Kapitels ›Die Vorbeigehenden‹ der Satz entgangen ist: »*Das bedeutendste Merkmal der Frau James, wie der meisten Juden vom überragenden Typ, war die Entschiedenheit ihres Qualitätsgefühls*«, dem sie obendrein eine Fußnote beigegeben hat, in der sie vom Bewußtsein ihrer Dankesschuld dem Judentum gegenüber spricht.

Junge Deutsche haben mir seinerzeit geschildert, welche Sensation jener Satz und erst die Fußnote in Deutschland waren, obwohl die geistige Gleichschaltung noch nicht ihren ganzen Schrecken entfaltet hatte. Unter der Diktatur werden alle Leser befangen, sei es im Für oder im Wider, und man liest wohl gründlicher als dort, wo es keine Verbote gibt. Aber was mögen junge Nationalsozialisten, ob fanatische oder nur Mitmacher, beim Lesen des 4. Abschnitts im Kapitel ›Auf und Nieder‹ gedacht haben, dort, wo die gemütliche Auffahrt des Prinzregenten mit dem Hof beschrieben ist, der die Gartenausstellung zu eröffnen kommt, das Werk des Herrn Lautenschläger, alias Annette Kolbs Vater. Zu wessen Gunsten fiel, bei stiller Selbstbefragung, der sich aufdrängende Vergleich mit den martialischen, so filmgerecht ausgedachten Auftritten Hitlers und seines Gefolges aus?

Heute, da die unbefleckte Empfängnis, ein bisher nur auf die Muttergottes bezogener Begriff, von gewissen Syndikalisten dem Heer der damit schon zu Lebzeiten heiliggesprochenen Lohnabhängigen zugesprochen wird, muß man sich fragen, wie die in der ›Schaukel‹ evozierte Welt auf die Nachbeter des Neo-Marxismus wirken mag. Werden für sie die in jeder Hinsicht so unbefangenen Damen Lautenschläger nichts anderes sein als unbewußt schmarotzende Anhängsel der damals herrschenden Klasse, die zu dumm oder zu feige sind, um sich ihre Situation bewußt zu machen? Etwas, das die Schüler Marcuses dem zweiten Personenkreis des Romans, dem der Familie von Zwinger, wohl nicht ankreiden können, denn Annette Kolb hat mit den Fingerzeichen auf deren ungebrochenes Klassenbewußtsein nicht gespart. Werden, gegen den Schauplatz und Rahmen der Handlung von vorneherein eingenommen, jene Leser, an die ich denke, in den Personen der ›Schaukel‹ und ihrer Autorin die einzigen Diebe des Mehrwerts der Arbeit anderer sehen, die sich ihrer Schuld nicht einmal bewußt sind? Denn das Gleichnis vom Balken im eigenen und vom Splitter im Auge des anderen meint ja auch die, die nicht sehen wollen, wer in den nicht-kapitalistischen Ländern den Mehrwert der Arbeit stiehlt, die andere tun müssen, und wer im noch freien Westen sich auf der Universität, bei den Soziologen und Politologen, schon darauf vorbereitet, morgen den Platz der Privilegierten von heute einzunehmen, um als allmächtige Bürokraten dann am Mehrwert der von anderen geleisteten Arbeit zu schmarotzen.

Obwohl ›Die Schaukel‹ Annette Kolbs Sonntagswerk ist, entstanden aus der Erinnerung ihrer so kurzweiligen Mädchenjahre, als die Familie noch beisammen war, hat sie dort nichts verklärt. Auch die Probleme, die sie in anderen Büchern behandelt hat, manchmal in Porträts, denen Eisners und Hases zum Beispiel, knistern durch das mit so viel Humor und Witz

dargestellte München, selbst das Problem des Juden-
tums. Diesem hat sie sich ohne Beschönigung gestellt,
aber sie hat auch ihre jüdischen Freunde dazu gebracht, sich ihm zu stellen. Elazar Benyoetz hat in
seinem Buch ›Annette Kolb und Israel‹ kompetent
und erschöpfend dieses Thema behandelt. Über ihr
Leben und Schaffen wird hier ja ohnedies nur bis zum
Zeitpunkt des Erscheinens der ›Schaukel‹ berichtet, da
dem Roman kein anderer mehr gefolgt ist.

In dem bestechend scharfsinnigen Nachwort, das
Reinhard Baumgart für diese Sammlung zu den frühen Erzählungen Thomas Manns geschrieben hat,
charakterisiert er dessen Frühreife mit dem Zitat aus
einem Brief des Einundzwanzigjährigen: »Ich sehe
allem zu, still, nachdenklich und ein wenig müde vor
Einsamkeit.«

Annette Kolb war noch im höchsten Alter keine stille
Zuschauerin. Als Achtundachtzigjährige schrieb sie
mir: »*Ich habe manchmal in wesentlichen Dingen recht,
wurde immer dafür ausgelacht (siehe meine Ansichten über
de Gaulle u. a.). Glauben Sie mir altem Schlachtroß.*« Sie
mischte sich, wie hier zu zeigen versucht worden ist,
überall ein. Sie war zu sehr Moralistin, um es nicht
nur ungefragt, sondern zuweilen sogar unbefugt zu
tun. Der Stil ihres Lebens war wie es der ihrer Schrif-
ten ist: spontan, schön gebaute Sätze mit erlesenen,
immer treffenden Worten, dazwischen Perioden von
bedenklicher Laxheit. Es ist dieselbe Unbekümmert-
heit, mit der sie ihre Freunde in Dienst nahm. Wenn
sie zum Beispiel die Laune überkam, rief sie um sechs
Uhr morgens an, sie habe das Bedürfnis, sofort nach

Chartres zu fahren. *»Können Sie mich in einer halben Stunde abholen?«* Dort eingetroffen, besuchte sie dann aber keineswegs die Kathedrale, sondern eine Konditorei, die eine bestimmte Sorte russischer Bonbons herstellt, die es in Paris nicht gibt. Launen ähnlicher Art finden sich manchmal in den überraschenden Sprüngen, die ihre Gedanken machen, oder ihr Stil weist plötzlich Wendungen auf, die den bäuerisch-urwüchsigen Hintergrund ihrer Natur verraten. Diese Urwüchsigkeit ist Jean Giraudoux 1905 in München, wo er mit ihr verkehrte, so sehr aufgefallen, daß er sich in seiner 1917 geschriebenen Kriegsgeschichte, ›La Nuit de Chateauroux‹, die Paul Morand Giraudoux' schönstes Werk nannte, noch *»des energischen Vokabulars von Mademoiselle Kolb«* erinnerte. In diesem Buch stieß ich 1920 zum ersten Mal auf ihren Namen, wurde neugierig auf mehr, entdeckte die Autorin, lernte sie kennen und habe nie, auch nicht nach ihrem Tod, aufgehört, sie zu lesen.

Joseph Breitbach

In der Fischer Bibliothek:

Otto Flake
Die erotische Freiheit

Albrecht Goes
Das Brandopfer · Das Löffelchen

Manfred Hausmann
Ontje Arps

Alice Herdan-Zuckmayer
Das Kästchen

Hugo von Hofmannsthal
Reitergeschichte

Franz Kafka
Die Aeroplane von Brescia

Sonja Kowalewski
Jugenderinnerungen

Alexander Lernet-Holenia
Der Baron Bagge

Heinrich Mann
Schauspielerin